경세가를 기다리며

김원조
1965년에 태어났으며, 국립세무대학을 졸업했다.
익산세무서 부가세과, 종로세무서 법인세과, 서대문세무서 재산세과,
파주세무서 소득세과, 의정부세무서 부가세과, 도봉세무서 소득세과 등에서 근무했다.
현재 세무사로 활동하고 있으며, 양주시청 지방세 심의위원이자 무료 세무상담위원이다.
블로그 주소 http://blog.daum.net/sangsaing

경세가를 기다리며
ⓒ 김원조, 2015

2015년 12월 15일 1판 1쇄 펴냄

지은이 김원조
펴낸곳 독립문
출판 등록 2015년 11월 13일(제2015-343호)
주소 (04157)서울시 마포구 마포대로 63-8 1403호
전화 070-4400-7025, 팩스 0505-115-9901
이메일 pensee@dw.am

ISBN 979-11-956763-0-9 03340

이 책의 저작권은 김원조에게 있고 출판권은 독립문에 있습니다.
저작권법에 의해 한국 내에서 보호를 받는 저작물이므로
무단 전재와 무단 복제를 금합니다.

경세가를 기다리며

통치자에게도 자격이 필요하다

김원조

독립문

머리말

'경세가에 의한 통치'가 필요하다

실로 힘겹게 글을 완성했다. 난 문필가도 글을 자주 쓰는 사람도 아니기 때문이다. 글쓰기가 너무 힘들어서 울고 싶을 때도 있었다. 모두 다 하늘의 도움으로 여긴다.

나는 세무사다. 사랑하는 가족도 있고 한국 최고의 승용차를 100퍼센트 현금으로 살 만큼 돈도 있다. 인세 수입이 없어도 세상이 어떻게 돌아가도 1주일에 7일 골프를 치고 가끔 친구들과 룸살롱에서 음주가무를 즐길 수도 있다. 그런데 왜 이렇게 힘든 길을 가는지 모르겠다. 꼭 세상을 위해서만은 아니다. 팔자라고 해야 할 것 같다.

나는 정말 기구한 삶을 살아 왔다. 고등학교 때는 내가 자진해서 전주에서 정읍으로 전학했다. 집이 가난한 것도 한 이유였다. 육사 본고사에 합격했다. 하지만 신체검사에서 탈락하고 말았다. 실망과 충격이 컸다. 그 후 국립세무대학에 입학했으나 공부에 흥미를 느끼지 못하고 결국 유급했다. 그러고 나서 자원입대했다.

군 복무를 마치고 목포에 어선을 타러 갔다. 나는 무전여행을 한다. 목포에 도착하니 돈이 한 푼도 없다. 나는 곧바로 어선을 탈 줄 알았는데 1주일을 기다려야 한단다. 수협에 가서 어떻게 하면 어선을 탈 수 있는지 물어보니 직업소개소에 가보란다. 나는 시간적 여유가 있어서 일단 목포시장 골목에 있는 여인숙에 들어갔다. 그래서 다행히 인신매매의 화를 면하고 1주일 후 안강망 어선을 탈 수 있었다. 천운이라고 말할 수밖에 없다. 여인숙에서도 손에서 책을 놓지 않았다. 그때 내가 읽은 책이 노자와 대학·중용이었던 것 같다.

안강망 어선은 동지나해 심지어 남지나해 근처까지 가서 조업을 한다. 나는 어선을 타본 일이 없었기 때문에 배의 최말단 선원인 하장이 됐다. 하장은 일반 선원들과 똑같이 일을 하고 거기에 더해 식사 당번까지 한다. 하루에 잠을 서너 시간 이상 잘 수가 없다. 그물을 놓고 끌어올리면 갑판 위에 왕의 무덤처럼 고기가 수북이 쌓인다. 그러면 그 고기들을 종류별로 크기별로 구분하여 정리한 후 얼음 창고에 쟁인다. 겨울이라 파도가 거셌다. 파도는 뱃머리에 강하게 부딪히며 배를 집어삼킬 듯 하늘에서 폭포수처럼 갑판 위로 떨어진다. 그러면 작업 중인 우리는 그대로 바닷물을 흠씬 뒤집어

쓴다. 그런 상태로 계속 작업을 한다. 시간도 부족할뿐더러 씻을 물도 없기 때문이다. 그렇게 대략 15일 정도를 배 위에서 생활한다. 어선을 타면서 고생만 잔뜩 하고 돈은 벌지 못했다. 그 후로 배 타는 것은 포기하고 학교에 복학했다. 5년 후배들과 같이 공부했다. ㅋㅋ

국립세무대학을 졸업하고 10여 년 동안 세무 공무원 생활을 했다. 그런데 그 직업이 자긍심을 주지 못한다. 자괴감 속에서 하루하루 직장생활을 한다고 해도 과언이 아니다. 일은 많고 얻는 것도 별로 없는데 세상의 손가락질은 다 받는다. 희망도 재미도 없다. 그래서 딱 10년 일하고 사표를 냈다. 그 후 세무사 공부를 했다.

세무사 공부를 하기 위해 가족과 헤어져 신림동 고시촌에 들어갔다. 그런데 공부는 하지 않고 여러 가지 책이나 읽으면서 시간을 보냈다. 뭔가 이상히 여긴 아내가 드디어 내 시험 점수를 알아봤다. 들통 났다. 세법 과목이 빵점이었던 것이다. 아예 세법 시험을 보지 않은 탓이었다. 그래서 다시 동두천 집으로 콜 당했다. 그 후 조그만 사글세 방을 얻어 애들과 함께 살면서 시립도서관에서 본격적으로 세무사 공부를 하게 됐다. 돈이 없어서 인강(인터넷 강의)에 의존했고 책도 충분히 사보지 못했다. 이때는 아주 가끔 저녁에 동네 구멍가게 야외 테이블에서 캔 맥주 하나 사먹는 게 최고의 사치였다. 세무사 시험이 끝나면 곧바로 노가다나 전단지 돌리기 등 닥치는 대로 일을 시작한다. 한푼이라도 벌어야 하기 때문이다. 그리고 몇 달 후 다시 공부를 시작한다. 마지막 시험 때는 아내에게 전 과목 참고서를 한 권씩 더 사서 공부하고 싶다고 어렵게 말을 꺼냈다. 아내는 흔쾌히 허락했고 결국 합격했다.

벌써 세무사 일을 한 지도 10년이 다 돼 간다. 세무사가 떼돈을 버는 직업은 아니다. 요즘은 경쟁이 너무 심해서 밥 먹고 살기도 쉽지 않다. 하지만 나는 개업 장소 선택을 잘했고 운도 따랐다. 아내가 일을 적극적으로 도와주기도 했고 주식 투자로도 많이 벌었다. 나는 원래 도전과 모험을 두려워하지 않는 사람이다.

비록 우여곡절 끝에 세무사가 되긴 했지만, 돌이켜보건대 세무사란 직업은 내게 운명적이었던 것 같다. 세무사 일을 하면서 많은 중소기업 사장님들을 만나고 상담하면서 밑바닥 경제의 실상을 정확히 파악할 수 있었기 때문이다. 그분들은 살아남기 위해 하루하루 사투를 벌인다. 정치인들이나 진보 지식인들이 어찌 이를 알까.

내 개인적 이야기가 좀 길어진 것 같다. 요즘 세상이 많이 혼란하다. 보수와 진보가 서로 대립하고 있고 각종 집단이기주의가 판친다. 국가 경제는 또다시 위기 속으로 빠져들고 있다. 그런데 지식인은 많고 백가쟁명은 있으되 명확한 해법은 없다. 지식인들은 어찌 보면 그들 잘난 맛에 사는 것 같기도 하다.

현대 사회는 빛의 속도로 과학기술 문명이 발달하고 있다. 그런데 인문학은 답보 상태를 면치 못하고 있다. 일부 지식인들은 아직도 과거 4대 성인들이나 카를 마르크스의 그늘에서 벗어나지 못하고 있다. 하지만 이분들이 세상을 구하지 못한다는 것은 이미 역사가 충분히 증명하고 있다. 또 어떤 이들은 과학적 사실들을 열거하면서 모든 것을 다 아는 양 떠벌린다. 하지만 그들이 아는 건 사실의 껍질일 뿐 본질은 아니다. 이 모두가 지식은 있으되 통찰력이 부족하기 때문이다. 그러하니 그 모든 것들이 공허하고 세상의 혼란만 더할 뿐 세상 문제 해결엔 전혀 도움이 되질 못한다.

오늘날 우리가 제대로 아는 것이 있는가. 삶의 본원적 질서는 무엇인가. 삶의 본질은 무엇인가. 삶의 목적은 무엇인가. 도덕성과 올바름의 원천은 무엇인가. 올바름은 무엇인가. 국가의 목적은 무엇인가. 어떻게 해야 국가의 목적이 달성될 수 있는가. 통치자의 자질은 무엇인가. 나는 수많은 책을 섭렵해 봤지만 이런 문제들에 명확한 해답을 제시한 책을 본 일이 없다. 모두가 엉뚱한 답을 늘어놓거나 여러 책들을 인용하며 두리뭉실 넘어가기 바쁘다. 기본적으로 무지하기 때문이다.

하지만 나는 이 책에서 위의 질문들에 대한 명확한 해답을 제시한다. 내가 곧 길이요 진리며 생명이다. 진정 나를 통하지 않고서는 인류에 구원은 없다.

사람들은 쉽게 도덕을 말하고 정의를 외치며 국가와 민족을 들먹인다. 그러면서도 절제는 하지 않는다. 아마도 절제를 모르기 때문일 것이다. 그래서 도덕도 없고 정의도 없으며 국가와 민족도 없다. 말하거니와 우리가 절제하지 않는 한 도덕도 정의도 국가와 민족도 없다. 나무에 비유하자면 절제는 나무의 뿌리요, 올바름은 나무의 줄기며, 국민은 나무의 잎과 열매다. 절제해야만 올바름을 행할 수 있으며 올바름이 행해져야만 국민 다수가 장기적으로 건강한 삶을 영위할 수 있다. 절제는 모든 도덕성의 원천이다. 실로 다수를 이롭게 한다. 절제해야 한다.

요즘 우리나라 경제가 어렵다. 세계 경제가 어렵기도 하지만 기본적으로 국가 지도층이 무능하고 부정부패하기 때문이다. 우리나라 대기업은 성장이 정체 상태에 빠져 있다. 더 이상 우리 경제의 구원투수가 될 수 없다. 아니 대기업들은 지금 강력한 구조조정이 필요한 상태다. 그런데도 정부는 구조조정은커녕 대기업 의존 정책을 지속하고 있다. 공기업도 대대적 구조조정이 절실히 필요한 시점이다. 아니 우리 사회 전 부문이 강력한 구조조정이 필요한 상태에 놓여 있다. 그런데도 구조조정은 거의 없다. 기껏해야 시늉질이나 할 뿐이다. 국가 지도층이 무능하고 부정부패하기 때문이다.

우리나라는 벤처기업과 중소기업으로 가야 한다. 그것이 우리 경제를 위한 정답이다. 그러나 이명박·박근혜 정권은 벤처기업과 중소기업은 외면한 채 대기업만 바라보고 있다. 어리석은 탓도 있지만 정경유착 때문이기도 하다. 우리 경제가 암담할 수밖에 없다. 지금 우리나라 과학기술에는 혁명적 신기술이나 혁명적 신소재가 없다. 과학기술 인재 자체가 부족하고 벤처기업이 활성화되지 못하고 있기 때문이다. 이런 상태가 지속된다면 한국의 미래는 없다고 해도 과언이 아니다 요즘 사회복지 논쟁이 뜨겁다. 나는 사회복지에 대한 두 가지 원칙을 제시한다. 하나는 경제가 최선의 복지라는 것이다. 경제가 살아야 국민 다수가 잘살 수 있다. 경제가 복지다. 경제 없는 복지는 없다. 경제가 무너지면 모두가 무너진다. 다른 하나는 개인의 복지는 기본적으로 개인이 책임져야 한다는 것이다. 국가의 역할은 개인의 삶을 책임지는 것이 아니다. 개인 스스로가 자신의 복지를 책임질 수 있도록 여건을 마련해 주는 것이다. 무분별한 사회복지는 포퓰리즘이요 빈자의 이기주의에 지나지 않는다.

중요한 것은 국가 경쟁력이다. 우리 대한민국의 운명은 국가 경쟁력에 달려 있다고 해도 과언이 아니다. 이를 위해서는 과학기술 인재 양성, 연구개발 투자 확대, 중소기업 육성 등에 온 힘을 기울여야 한다. 진정 사회복지에 쏠 자금이 있다면 국가 경쟁력 향상에 쏟아부어야 한다. 그리하여 경제를 살리고 일자리를 창출해야 한다.

기득권층의 이기주의도 심각하다. 우리 사회 곳곳에서 공정함이 훼손되고 기회의 균등이 사라지고 있다. 부의 대물림은 차치하고라도 신분 세습이 공공연히 이루어지고 있다. 국민 대다수는 피선거권마저 박탈당한 상황이다. 이젠 더 이상 제2 또는 제3의 링컨이나 박정희 같은 인물을 기대할 수 없게 됐다. 진정 위기다.

경세가(經世家)가 필요하다. 경세가는 절제와 지혜와 결단력 모두를 겸비한 사람이다. 신(神)도 경세가에서 크게 벗어날 수 없다. 그런 경세가들이 국가 지도층이 되어야만 한다. 지금 대한민국이 혼란하고 미래가 불투명한 것은 국가 지도층이 무능하고 부정부패하기 때문이다. 한마디로 통치자로서의 자격이 없기 때문이다. 우리에게 필요한 것은 단순한 정권 교체나 세대 교체가 아니다. 국가 지도층의 근본적인 질적 변혁이다. 이것이 없는 한 역사의 발전은 없다.

경세가 그룹에 의한 통치로 가야 한다. 그 길만이 올바름을 실현하여 국민 다수가 장기적으로 건강한 삶을 영위하는 국가의 목적을 달성할 수 있다. 결국 우리 모두는 국가 지도층의 전면적 교체를 위한 대투쟁에 나서야만 한다. 우리 자신과 우리의 후손을 위해 기꺼이 피와 땀과 눈물을 흘릴 수 있어야 한다. 특히 2030 젊은층의 헌신과 분발이 절대적으로 필요하다. 오늘 우리 한국의 젊은층은 과거 그 어느 때보다 능력과 도덕성이 뛰어나다. 희망의 불덩이 그 자체다. 그럼에도 찬밥 신세를 면치 못하고 있다. 이는 하늘이 우리 한국의 젊은층에 큰 일을 맡기고자 먼저 고난을 주고 시험하는 것이다. 우리 한국의 젊은층은 이러한 역사적 사명을 자각할 수 있어야 한다.

이제 하늘의 시험도 인고의 시간도 끝났다. 남은 건 눈물을 멈추고 도전하는 것뿐이다. 우리 한국의 젊은층은 경세가가 되어야만 한다. 항상 두드리는 자에게 열리고 도전하는 자가 성취하는 법이다. 이제 한국의 젊은층은 그 억눌린 에너지를 폭발시켜 투쟁과 승리를 위해 진군에 진군을 거듭해야 한다. 그리하여 국가 지도층이 되어 국가 대변혁의 주체가 되고 국가 지도층의 근본적인 질적 변혁을 이뤄내야만 한다.

요즘 우리나라에 우담바라니 흰사슴이니 흰까마귀 등이 자주 출현한다고 한다. 대단한 길조다. 그런데 일부 사람들은 이런 현상이 풀잠자리니 돌연변이니 하면서 대수롭지 않게 여기기도 한다. 나는 그분들에게 묻고 싶다. 그렇다면 옛날에도 이런 현상이 지금처럼 자주 있었는지. 오늘날에만 이런 특별한 현상이 자주 일어나는 것은 그만 한 이유가 있을 수 있다. 좋은 일에는 길조가 있는 법이니까. 나는 이를 우리 한민족의 길조라 생각한다.

때가 이르면 그 깊던 어둠에도 새벽이 오고 그 가시 많은 밤송이도 절로 벌어지는 법이다. 진실로 이 한반도에도 때가 이르면 수많은 경세가들이 절로 나타나고 우리 한민족도 웅비할 것임을 나는 믿어 의심치 않는다. 경세가들을 기다리는 바다.

2015년 11월

김원조

차례

머리말 ········ 5

I부 삶의 질서
1장 행복의 역설 ········ 19
2장 자기과시 본능 ········ 24
3장 삶의 본질 ········ 28
4장 삶의 목적 ········ 35
5장 성취감과 정신적 충만함 ········ 39
6장 가족 단위 ········ 46

II부 사회 질서
7장 국가의 목적 ········ 55
8장 자유시장경제의 본질 ········ 61
9장 공정함에 대하여 ········ 66
10장 부의 불평등 ········ 72
11장 사회복지 논쟁 ········ 77
12장 현대판 신분 세습 문제 ········ 83
13장 남녀의 조화 ········ 90
14장 성(性) 문화 ········ 99

III부 경세가의 조건

15장 절제 (1) - 정치와 절제 ········ 111

16장 절제 (2) - 분배와 절제 ········ 121

17장 절제 (3) - 절제에 대하여 ········ 127

18장 지혜 ········ 134

19장 결단력 ········ 143

20장 올바름에 대하여 ········ 151

21장 경세가 ········ 158

VI부 국가 비전과 전략

22장 민주정의 한계 (1) - 민주정의 위기 ········ 167

23장 민주정의 한계 (2) - 선거 제도의 폐해 ········ 174

24장 민주정의 한계 (3) - 삼권분립과 민주정의 한계 ········ 181

25장 경세가에 의한 통치 ········ 190

26장 과학기술 혁명 ········ 200

27장 기업과 노동 혁명 ········ 211

28장 교육 혁명 ········ 219

29장 통일 혁명 ········ 227

맺음말 ········ 237

1부

삶의 질서

1장

행복의 역설

 아리스토텔레스는 삶의 목적이 '행복'이라 주장했다. 그 후 모든 철인들이 이를 따르면서 행복은 결코 바꿀 수 없는 삶의 목적이 되어 버렸다. 그리고 지금 우리도 삶의 목적이 행복이란 걸 의심치 않는다. 인류는 지금껏 행복이라는 달에 도달하기 위해 수많은 연구와 고뇌를 거듭했다. 하지만 현실은 어떠한가. 우리는 진정 행복이라는 달에 더 가까이 다가가고 있는가. 행여 역주행을 하고 있지는 않은가.
 우리는 정말 행복을 추구하면 행복이라는 달에 도달할 수 있기나 한 걸까. 우리가 어떤 목적을 달성하지 못할 때에는 방법에 문제가 있을 수도 있지만 목적 자체가 너무 모호하고 막연하기 때문일 수도 있다. 중요한 건 목적이다. 목적이 명확해야 방법도 명확해진다. 그래서 나는 먼저 사람들이 너무도 당연히 받아들이고 있는 '삶의 목적은 행복이다'라는 기본 명제에 대해 다시 생각해보고자 한다.

사람들은 행복을 어떻게 생각할까. 즐거움 또는 편안함 정도일 것이다. 다시 말하면 쾌락 또는 안일이다. 설령 아리스토텔레스가 전혀 다른 의미로 행복을 말했을지언정 사람들은 이처럼 받아들이고 있다. 그래서 사람들은 쾌락 또는 안일에 가까이 있는 사람들을 보면 그들이 행복할 거라고 생각하고 반대로 이에서 거리가 먼 사람들을 보면 불행할 거라고 생각한다.

쾌락이 그 무엇이든 인간은 쾌락을 추구하면 기분이 좋아지고 만족감을 느낀다. 우리 유전자를 기쁘게 하기 때문이다. 그래서 우리는 본능적으로 고통을 싫어하고 쾌락을 좋아한다.

하지만 쾌락에는 많은 고통과 위험이 따른다. 또한 쾌락은 지속성이 없다. 그래서 쾌락을 지속적으로 즐기기 위해서는 보다 더 강한 자극을 쉼 없이 퍼부어야 한다. 이는 금전적 필요를 증가시키기도 하지만 정신적·육체적 피로와 스트레스도 증가시킨다. 아울러 쾌락에 필요한 자극을 충족하지 못하면 그 좌절로 인한 고통도 크다. 어쩌면 쾌락을 추구하는 과정에서 건강을 잃을 수도 있고 극단의 경우 사망에 이를 수도 있다. 때론 타인에게 심각한 위해를 가할 수도 있다.

사람들은 쾌락을 위해 더 많은 자유를 원한다. 어떤 이들은 '볼 권리'를 주장하기도 한다. 자유가 더 많은 쾌락을 누릴 수 있는 기회를 제공하는 것은 사실이다. 하지만 한계를 벗어난 더 많은 자유는 자신과 타인 모두를 해치는 흉기가 될 수 있다. 자유는 양날의 칼이다. 부족해도 위험하지만 넘쳐도 위험하다. 요즘 유치원에나 다닐 만한 어린 꼬마애들이 안경 쓰고 다니는 것을 주변에서 흔히 볼 수 있다. 아주 어릴 때부터 컴퓨터나 스마트폰을 너무 많이 사용하기 때문이다. 일부는 스마트폰 중독 증세를 보이기도 한다. 자유란 바로 이런 것이다. 절제 없는 자유는 흉기 그 자체다.

우리의 유전자는 쾌락을 좋아한다. 하지만 더 간절히 원하는 것이 있다. 바로 건강함이다. 우리의 유전자가 최고의 이상으로 삼는 것이 바로 건강한 생존과 번식인 것이다.

그런데 지금 우리는 이것을 간과하거나 잊고 있다. 아마도 너무도 당연하기 때문일 것이다. 하지만 이야말로 인간에게 가장 소중한 것이다. 우리는 지금 근본을 버리고 말단을 좇고 있다. 우리가 행복을 추구하면서도 오히려 행복에서 멀어지는 이유다.

우리가 진정 행복하기 위해서는 쾌락을 버리고 고통을 감수해야 할지도 모른다. 아니 이것이 진실이다. 삶 자체가 투쟁과 고통의 연속이다. 또한 쾌락을 얻되 건강한 생존과 번식을 잃는다면 그 쾌락이 무슨 의미가 있겠는가. 우리의 유전자는 건강한 생존과 번식을 위해서라면 그 어떤 고통도 감수하며 그 어떤 위험도 마다하지 않는다. 이것이 바로 우리 유전자의 본질이다.

'안일'도 결코 우리를 행복하게 하지 못한다. 안일은 권태를 불러일으킨다. 그러면 삶이 무의미해지고 무기력해진다. 또한 쾌락을 추구하게 된다. 건강함과는 거리가 먼 것이다. 우리가 행복을 위해 원하는 것들은 사실 행복과는 별 관련이 없다. 아니 오히려 삶을 더 피폐하게 한다.

인간의 역사를 보더라도 인간은 쾌락과 안일을 추구하며 혼란을 자초하고 때론 멸망의 고통을 겪긴 했어도 결국엔 항상 건강함으로 돌아왔다. 타락한 자는 망하되 강건한 자는 승리한다. 이것이 진리다. 로마라는 작은 도시국가가 이탈리아 반도를 통일하고 지중해와 유럽 등을 지배하게 된 것도 그 지배층이 실질·강건을 숭상하고 쾌락과 안일을 천박하게 여겼기 때문이다.

사실 행복은 없다. 행복은 그 누구도 정의할 수 없는 것이다. 본래 없는 것을 지어낸 것이기 때문이다. 그런데도 사람들은 알 수 없는 행복을 향해 열심히 달린다. 그래서 결과가 좋지 않다. 행복을 향해 달릴수록 결과는 더 강한 물음표가 되어 버린다. 이것이 바로 행복의 역설이다.

우리는 행복을 잊고 건강함을 추구해야 할 필요가 있다. 정신적 건강함 그리고 육체적 건강함 말이다. 그리고 우린 행복을 위한 자유가 아닌 건강함을 위한 자유를 원해야 한다. 행복을 위한 자유는 오히려 구속해 달라고 애원해야 한다. 그것은 오히려 삶을 피폐하게 하기 때문이다. 우리는 오직 건강함으로 나아가야 한다. 그럴 때 비로소 우리는 문득 행복이라는 달 앞에 서 있는 자신을 발견하게 될 것이다.

2장
자기과시 본능

동물들에게는 자기과시 본능이 있다. 이는 진화론에 나오는 것은 아니지만 주목할 만한 가치가 있는 본능이다. 예컨대 '장끼'라 불리는 수꿩의 경우 그 깃털이 까투리에 비해 대단히 아름답다. 옛날 원주민들이나 사냥꾼들은 자랑스레 그 깃털을 머리에 꽂고 다니기도 했다. 장끼는 깃털이 크고 아름다울수록 까투리에게 더 인기가 있다. 크고 아름다운 깃털을 가진 수컷일수록 더 강건한 수컷임을 까투리가 본능적으로 알아채기 때문이다. 공작도 마찬가지다. 수공작은 암공작 앞에서 날개를 최대한 활짝 펴면서 춤을 춘다. 그러면 암공작은 가장 큰 날개를 갖고 가장 화려하게 춤을 추는 수컷을 선택한다. 이런 새들의 경우 크고 화려한 날개는 강건함을 상징한다.

다른 동물들의 경우도 비슷하다. 수컷들은 큰 울음소리나 큰 몸짓 따위로 자기의 강건함을 과시하고 경쟁자를 겁박한다. 이런 것들이 자기과시 본능이다. 수컷들이 이러한 자기과시 행위를 하는 것은 경쟁자들을 압도하여 생존과 번식에서 보다 우위를 점하기 위해서이다. 동물들의 자기과시 행위는 그들의 생존과 번식에 직결되는 문제인 것이다.

인간에게도 동물들과 똑같은 자기과시 본능이 있다. 옛날 왕이나 귀족들의 관복은 굉장히 웅장하고 화려했다. 또한 그들은 사치를 일삼았다. 그리고 오늘날 사람들은 명품을 소유하거나 초고가 외제차를 타고 다니거나 화려한 옷차림을 하는 등의 행위를 통해 자기과시 본능을 표출한다.

그런데 동물과 인간의 자기과시 행위에는 상당한 질적 차이가 있다. 동물의 자기과시 행위는 실질적인 강건함을 의미한다. 그러나 인간의 자기과시 행위는 이런 강건함과는 전혀 무관하다. 단지 외형만 그렇게 꾸미는 것이다. 그렇게 함으로써 자기 자신을 보다 돋보이게 하고 다른 사람들에 우위를 점하려는 것이다.

우리 유전자는 간절히 생존과 번식을 원한다. 그런 유전자에게 자기과시 행위는 기쁨을 줄 수밖에 없다. 즉 자기과시 행위는 쾌락을 제공하는 것이다. 그래서 인간은 쾌락을 좇아 더 적극적으로 자기과시 행위를 하게 된다.

하지만 우리 유전자는 자기과시 행위에 쾌락을 느끼면서도 불안감을 떨치지 못한다. 사치 등 인간의 무모한 자기과시 행위는 외형만 그럴싸하게 꾸밀 뿐 실질적인 능력의 향상을 이루어내지는 못하기 때문이다. 또한 이에 대한 과도한 관심과 낭비는 정신적 또는 육체적 건강함까지 앗아갈 수 있다. 그래서 우리의 유전자는 자기과시 행위에 쾌락을 느끼면서도 항상 불안감에 사로잡혀 있다.

그렇다면 대안은 무엇일까. 당연히 자기 자신의 실질적인 능력 향상을 위해 부단히 노력하는 것이다. 그것이 진정한 자기과시를 위한 행위이자 자기과시 본능을 충족시키는 행위이다. 이러한 자기 발전 또는 자아 실현에 우리의 유전자는 마음 깊은 즐거움과 만족감을 느낀다. 실질적인 능력 향상이 곧 생존과 번식을 위한 최선의 행위이기 때문이다.

권위도 일종의 자기과시 속성이다. 사람들이 사회적 권위에 집착하는 것은 그 권위가 그들의 생존과 번식에 도움이 되기 때문이다. 사회적 권위에서 문제가 되는 것 역시 실력이 뒷받침되지 못하는 허울뿐인 권위다. 사실 실력이 부족한 사람들이 권위에 더 집착한다. 부족한 실력에 권위마저 없으면 즉각적으로 도태될 수밖에 없기 때문이다. 그래서 실력 없는 사람들이 더 권위적인 경우가 많다. 하지만 그들의 유전자는 불안하기만 하다. 실력 있는 사람들은 오히려 권위를 버리려 한다. 권위를 버리고 대중에 가까이 가면 갈수록 그들의 실력이 더 빛을 발하기 때문이다. 그리고 그 실력이 그들에게 권위를 더해 준다. 그들의 유전자가 행복할 수밖에 없는 것이다.

우리의 유전자가 궁극적으로 원하는 것은 건강한 삶이다. 사치도 아니요 일시적 쾌락도 아니다. 우리의 유전자는 건강한 삶을 위해서라면 소박한 물품들, 초라한 주택, 허름한 외양 따위에 신경 쓰지 않는다. 아니 오히려 더 좋아할 수도 있다. 또한 우리의 유전자는 자기계발이나 자아 발전 등을 대단히 좋아한다. 능력을 향상시켜 생존과 번식에 직접적으로 도움이 되기 때문이다.

우리는 자기과시 행위의 본질을 명확히 알 필요가 있다. 껍데기를 버리고 본질을 취해야 한다. 그것이 진정으로 우리 유전자를 기쁘게 하고 건강한 삶을 영위하는 지름길이다.

3장

삶의 본질

 삶의 본원적 질서는 뭘까. 그리고 삶의 본질은 뭘까. 노자는 말하길, '천지는 어질지 않으니 만물을 풀강아지처럼 여기며, 성인도 어질지 않으니 백성을 풀강아지처럼 여긴다'라고 했다. 진실로 천지의 이치와 인간 삶의 이치를 꿰뚫는 위대한 통찰력이 아닐 수 없다. 그렇다. 이 세계의 본원적 질서는 '보호하지 않음과 경쟁'이다. 그리고 우리는 그 질서 속에서 생존을 위해 치열하게 투쟁하지 않으면 안 된다. 그래서 삶의 본질은 투쟁과 고통일 수밖에 없다. 그것이 진리다.
 모든 생명체는 보호하지 않음의 질서 속에서 생존해야만 한다. 생명체에게 거저 주어지는 것은 아무것도 없다. 그 모든 것을 스스로의 힘으로 찾아내고 해결해야만 한다. 그래서 모든 생명체는 생존을 위해 무에서 유를 창조해야만 한다. 미생물에서 인간에 이르기까지 말이다. 그래서 생명체에게 삶은 투쟁과 고통 그 자체다.

이 세계는 '보호하지 않음'의 세계다. 생명체가 탄생한 이래 그 어떤 생명체도 외부의 힘에 의해 보호받은 사실이 없다. 모든 생명체는 오직 스스로의 힘으로 생존과 번식을 지속해 왔다. 개체는 보다 효과적인 생존과 번식을 위해 집단을 형성하기도 한다. 하지만 그 집단도 보호받지 못하는 것은 마찬가지다.

개인에게도 집단에게도 보호란 없다. 그래서 사람들은 미래를 두려워한다. 미래를 위해 더 많은 재산을 쌓아놓으려 하기도 하고 더 높은 사회적 지위를 얻으려 하기도 한다. 일부는 신앙에 몸을 의탁하기도 한다. 하지만 그런 행위들은 다 아는 사실이지만 사회를 더 복잡하고 더 혼란하게 한다.

'보호하지 않음'이라는 질서는 '보호'라는 질서보다 일견 저차원적이고 비정해보일 수 있다. 하지만 '보호하지 않음'의 질서는 가히 신의 걸작이라 할 정도로 뛰어난 질서다. '보호하지 않음' 속에서 생명체들은 죽을 힘을 다해 생존과 번식을 도모한다. 그러하니 자연 지혜롭고 강건할 수밖에 없다. 반면 보호 속에 있는 생명체들은 생존을 위한 처절한 노력을 할 필요가 없기 때문에 지혜로울 수도 강건할 수도 없다.

요즘 북한산에는 들개들이 자주 출몰한다고 한다. 그런데 그 들개들이 집개들에 비해 골격도 크고 날렵해서 사람들이 매우 두려워한다고 한다. '보호하지 않음'이라는 질서는 그처럼 생명체를 보다 지혜롭고 강건하게 한다. 또한 진화의 원동력이기도 하다. 어찌 신의 걸작이라 하지 않을 수 있겠는가.

중국에 한신(韓信)이라는 명장이 있었다. 한신은 배수진(背水陣)으로 유명한 인물이다. 그는 옛 조나라와의 전쟁에서 배수진을 이용하여 아군보다 수십 배 많은 적군을 물리쳤다. 원래 전쟁에서 사방이 막힌 곳이나 강물이 있는 곳은 사지(死地)로서 진을 치는 것이 금기시 되어 있다. 그런데 한신은 과감하게 강물을 등지고 진을 치는, 즉 퇴로가 없는 진을 치고 승리를 한 것이다. 한신이 더 위대한 것은 그 위험한 배수진으로 적에게 승리할 것을 미리 예측했다는 점이다. 그는 일부 군사들을 배수진에서 제외하여 적의 대군이 한신을 공격하는 빈틈을 타 적의 성을 점령하도록 했다.

본래 한신의 군사는 옛 조나라 진여의 군사에 비해 그 수가 턱없이 적었다. 넓은 들판에서 총력을 기울여 전투를 한다 해도 십중팔구 패할 수밖에 없는 입장이었다. 그런데 전투에서 군사들은 조금의 위험한 낌새라도 눈치 채면 도망갈 궁리부터 한다. 그것이 인지상정이다. 그러면 치열했던 전투는 한순간에 판세가 기울어져 버리고 그때부터는 인간 살육이 시작된다.

하지만 퇴로가 없으면 군사들은 비록 불리할지라도 죽기를 각오하고 싸운다. 적을 이기지 못하는 한 살아날 수 없기 때문이다. 그래서 군사들은 모두 일당백이 되어 전투를 하고 결국엔 승리마저 쟁취하는 것이다. '보호하지 않음'은 실로 이와 같은 것이다. 지혜요 강건함이며 승리요 생명인 것이다.

이 세계는 '경쟁'의 세계이기도 하다. 이 땅의 모든 생명체는 '보호하지 않음'이라는 질서 속에서 생존과 번식을 위해 서로 치열하게 경쟁할 수밖에 없다. 그것을 일러 생존경쟁이라 한다. 물론 생명체가 경쟁만 하는 것은 아니다. 때론 협력도 한다. 하지만 그 협력이라는 것도 결국은 다른 집단과의 경쟁에서 승리하기 위한 협력일 뿐이다. 협력도 실은 경쟁의 일환인 것이다.

현실에서 과당 경쟁의 부작용이 있는 것도 사실이다. 예컨대, 공무원 시험이나 교사 임용 시험의 경우 경쟁률이 100 대 1을 넘기도 한다. 이러한 부작용은 시정되어야 마땅하다. 그렇다고 경쟁 자체를 부정해서는 안 된다. 경쟁은 개인의 능력 또는 기업의 경쟁력을 향상시키는 동시에 능력의 우열에 따른 사회 인적자원의 최적의 분업 체계를 이루게 하기 때문이다.

'보호하지 않음과 경쟁'은 실로 삶의 본원적 질서다. 이는 우리가 부정하고 싶어도 결코 부정할 수 없는 자연의 질서다. 그리고 모든 생명체는 이러한 질서에 적응할 수 있도록 그 모든 기능이 유전자에 프로그램화되어 있다. 인간도 마찬가지다. 인간도 이런 질서에 적응할 수 있도록 모든 기능이 유전자에 프로그램화되어 있다. 우리는 본능적으로 경쟁하고 투쟁하는 것이다.

'보호하지 않음과 경쟁'이 지배하는 이 삶의 세계는 기본적으로 투쟁과 고통의 세계가 될 수밖에 없다. 고해(苦海)의 세계일 수밖에 없는 것이다. 우리가 말하는 평화로운 세상도 투쟁과 고통을 떠나서는 상상할 수 없다. 우리는 실로 투쟁과 고통 속에서 평화를 이뤄내야만 하는 것이다.

 삶의 본질은 투쟁이요 고통이다. 그래서 삶은 처절할 수밖에 없다. 우리가 경쟁과 투쟁이 난무하는 세상 속에서 건강한 삶을 영위한다는 것은 정말 대단한 일이다. 그런데도 사람들은 쾌락을 추구하겠단다. 실로 어이없고 가당찮은 소리가 아닐 수 없다. 우리는 건강한 삶을 영위하는 그 자체만으로도 마음 깊이 감사할 수 있어야 한다. 우리는 보다 겸손해질 필요가 있다.

 자연은 '보호하지 않음'의 세계다. 그 '보호하지 않음'의 세계에 질서란 없다. 생존과 번식을 위한 수단과 방법에 제한이 없는 것이다. 그래서 인간을 비롯한 모든 생명체는 기본적으로 폭력적이고 음험하다. 정치인들이 부정부패한 것은 어쩌면 당연한 것이다. 일반 시민들은 정치인들을 거침 없이 욕하고 비판하지만 사실 그들도 정치인들보다 나을 것이 전혀 없는 사람들이다. 본래 모든 생명체가 그렇다. 반성은커녕 서로에게 손가락질하기 바쁘다. 따라서 현재와 같은 상황에서는 정권 교체나 세대 교체가 이루어진다 하더라도 우리 사회에 달라질 건 아무것도 없다. 마음의 근본적 변혁이 없는 한 말이다. 말하거니와 중요한 것은 형식의 교체가 아니라 마음의 변혁이요 질적 교체다.

사람들은 가끔 국가가 저절로 존재하는 듯 생각하고 행동한다. 보수란 자들이 제멋대로 병역을 기피하는가 하면 진보란 자들은 터무니 없는 사회복지를 주장한다. 하지만 병역 기피도 사회복지도 모두 국가를 위태롭게 하기는 마찬가지다. 국가는 결코 저절로 존재하지 않는다. 경쟁과 투쟁이 지배하는 세계 속에서 스스로의 힘으로 살아남아야만 하는 위태로운 존재에 불과할 뿐이다.

국가가 항상 강건함을 유지하고 최상의 경쟁력을 확보하기 위해서는 그 구성원들이 최선의 노력을 다해야만 한다. 그리고 그 구성원들이 최선의 노력을 다하기 위해서는 국가에 의한 보호가 없어야 한다. 국가가 구성원들의 삶을 보호하는 한, 사람들은 결코 위험과 고통을 무릅쓰면서 처절하게 삶을 살아가려 하지 않을 것이기 때문이다. 그래서 우리는 다시 '보호하지 않음과 경쟁'이라는 삶의 본원적 질서로 돌아오지 않으면 안 된다.

공산주의가 멸망한 것은 실로 당연한 결과라 할 것이다. 이는 어리석게도 구성원들의 삶을 보호했기 때문이다. 삶의 본원적 질서를 거스르면서도 살아남을 수 있는 사상 또는 국가는 없다. 아둔한 일부가 일시적으로 삶의 본원적 질서를 거스를 수도 있다. 하지만 다수가 장기적으로 삶의 본원적 질서를 거스를 수는 없다. 조만간 공멸할 것이기도 하지만 우리 유전자가 이를 본능적으로 거부할 것이기 때문이다. 인간 역사가 이를 증명하고 있지 아니한가!

국가는 기본적으로 개인의 삶을 보호하려 해서는 안 된다. 개인의 삶은 개인에게 맡겨야 한다. 개인은 스스로의 힘으로 충분히 자신의 삶을 영위해 나갈 능력이 있다. 물론 극히 일부는 어려움을 겪을 수도 있다. 그래도 보호는 안 된다. 이는 국가가 할 일이 아니다. 그냥 사회에 맡기는 것이 타당하다. 국가는 국가적 재해가 아닌 한, 구성원들 개인의 삶을 보호하려 해서는 안 된다. 기본적으로 개인의 복지는 개인에 맡겨야 한다. 그것이 사회복지의 기본 원칙이다.

호수에서 노니는 오리를 보면 참 멋지고 부럽게 보인다. 하지만 오리가 저절로 떠 있는 것은 아니다. 그 순간에도 오리는 물 속에서 열심히 두 발로 물을 젓고 있는 것이다. 국가도 마찬가지다. 국가도 겉으론 저절로 존재하는 듯 보이지만 실은 그 구성원들이 처절할 정도로 열심히 노력할 때 비로소 안정적으로 유지될 수 있는 존재다. 그리고 국가의 안정 속에서 구성원들도 건강한 삶을 영위할 수 있다.

두려운가. 걱정스러운가. 너무 두려워도 걱정도 하지 마라. 인간은 결코 나약한 존재가 아니다. 우리 인간은 경쟁과 투쟁 그리고 고통을 본능적으로 받아들이며 또한 그것을 훌륭히 극복하면서 건강한 삶을 영위해나갈 능력이 충분하니까 말이다. 거친 자연 속에서 수십억 년을 견디며 진화를 거듭해 온 우리의 유전자가 그것을 증명하고 있지 아니한가!

4장

삶의 목적

 삶에 목적이 있을까. 사람들은 세상을 살아가면서 무언가 목표를 세우고 그 목표를 향해 열심히 내달린다. 그 결과 사람들이 얻는 것은 무엇인가. 그리고 잃는 것은 무엇인가.
 결론부터 말하자면 삶의 목적은 없다. 좀 허무하게 들릴지도 모르겠다. 하지만 이것이 진실이다. 삶은 단지 생존과 번식을 위한 과정에 지나지 않는다.
 우리가 태어날 때 무슨 목적을 가지고 태어난 것은 아니다. 인간 유전자의 명령에 의해 우리 부모님들이 우리를 낳으셨고 우리는 또 유전자의 명령에 따라 삶을 살고 자식을 낳고 기르는 것뿐이다. 그에 무슨 목적이 있을 수 있겠는가. 삶이란 결국 생존과 번식을 위한 과정에 지나지 않는다. 그런데 그런 삶이 그렇게 복잡하고 어려울 수가 없다. 우습지 아니한가.

　삶을 보다 정확히 말하자면, 삶은 인간이 '장기적으로 정신적으로 그리고 육체적으로 건강한 삶을 영위하는 과정'이다. 이 과정엔 당연히 번식 행위도 포함된다. 삶은 과정이되 건강한 삶을 영위하는 과정이어야 하고 또한 장기적으로 건강한 삶을 영위할 수 있어야 한다.

　완벽한 사회복지 체계 속에서 국민 모두가 건강한 삶을 영위할 수도 있을 것이다. 하지만 이는 어디까지나 일시적으로나 가능한 일이다. 결코 장기간 지속될 수는 없다. 공산주의가 그랬고 지금 쿠바가 그렇다. 북한은 말할 필요도 없다. 보호 속의 일시적 안락함 뒤엔 긴 고통이 기다린다.

　건강한 삶은 결코 거저 얻어지지 않는다. 피와 땀과 눈물이 필요한 것이다. 국민 모두는 이를 명심해야 한다. 결코 안이한 자세는 용납할 수 없다. 그리고 국가는 그 어떤 상황에서도 흔들림 없이 항상 '보호하지 않음과 경쟁'이라는 삶의 본원적 질서를 견지해야만 한다.

　사람들은 행복을 말한다. 하지만 사람이 장기적으로 정신적으로 그리고 육체적으로 건강한 삶을 영위하지 못한다면 그 행복은 무의미하다. 어떤 사람들은 자아실현을 말한다. 그것도 사람이 장기적으로 정신적으로 그리고 육체적으로 건강한 삶을 영위하지 못한다면 의미 없다. 사실 자아실현이란 그 자체가 목적이 아니라 건강한 삶을 영위하기 위한 자기 발전의 일환이다. 일부 강고한 페미니스트들은 자아실현을 한답시고 결혼을 부정한다. 하지만 이는 본말이 전도된 것으로 무지의 소치 이외 아무것도 아니다. 또 어떤 사람들은 사회적 성공을 말한다. 그것도 사람이 장기적으로 정신적으로 그리고 육체적으로 건강한 삶을 영위하지 못한다면 의미 없다. 사실 위의 예들은 모두 건강한 삶을 영위하기 위한 수단들에 지나지 않는다. 행복이니, 자아실현이니, 사회적 성공 등 말이다. 다만 사람들이 삶의 실체를 정확히 파악하지 못해서 우왕좌왕하고 있을 뿐이다.

중요한 것은 건강한 삶이다. 진정 건강한 삶 즉, 건강한 생존과 번식만 하고 있다면 돈이 부족하다거나 사회적 성공을 이루지 못했다 할지라도 그는 훌륭히 삶의 목적을 달성하고 있다. 하지만 생존과 번식에 문제가 있다면 아무리 돈이 많거나 사회적 성공을 이루었다 할지라도 그는 삶의 목적을 달성하지 못했다. 그러하니 돈이 적거나 사회적 성공을 이루지 못했어도 너무 실망하지 마라.

건강한 삶은 우리가 절제하면서도 얼마든지 영위할 수 있는 것이다. 아니 건강한 삶을 위해서는 오히려 절제할 필요가 있다. 또한 절제는 타인에 대한 피해를 최소화한다. 진정 서로를 이롭게 한다. 우리가 절제해야 하는 이유다.

어떤 이들은 번식 행위를 부정하기도 한다. 있을 수 있는 일이다. 인류 역사에서도 가끔 있어 왔던 일이니까 말이다. 예컨대, 고대 로마에서도 독신자들이 너무 많아 이를 해결하기 위해 독신세를 도입하기도 했다. 하지만 이는 일부가 일시적으로나 부정할 수 있을 뿐이다. 결코 다수가 장기적으로 부정할 수는 없다. 인류 역사가 이를 증명하기도 하거니와 우리 유전자가 결코 용납하지 않는다.

건강한 삶은 결코 쉬운 일이 아니다. 특히 인생을 오래 살아본 사람들은 이를 뼈져리게 실감할 것이다. 건강한 삶은 얻기는 어려워도 잃기는 쉽다. 우리는 건강함에 보다 집중할 수 있어야 한다. 쾌락이나 안일 또는 돈이나 사회적 성공 등에 너무 매몰되어서는 안 된다. 그리하여 장기적으로 정신적으로 그리고 육체적으로 건강한 삶을 영위하도록 해야 한다.

5장

성취감과 정신적 충만함

삶은 인생을 통하여 정신적으로 그리고 육체적으로 건강한 삶을 영위하는 과정이다. 육체적 건강함은 누구나 다 안다. 문제는 정신적 건강함이다. 인간의 정신 건강을 위협하는 최대의 적은 스트레스다. 사실 스트레스 없는 삶은 없다. 그리고 인간 유전자는 웬만한 스트레스는 잘 견뎌내도록 설계되어 있기도 하다. 문제는 과도한 스트레스다. 스트레스 해소법은 인터넷을 검색하면 잘 알 수 있다. 그리고 나보다 의사가 더 잘 안다. 그러하니 스트레스 해소에 관한 것은 생략하기로 한다.

내가 말하고자 하는 것은 성취감 그리고 정신적 충만함에 관한 것이다. 많은 사람들이 뭐가 부족하지 않은데도 불구하고 정신적 공허함 또는 허전함을 느낀다. 왜일까. 그것은 우리의 유전자가 뭔가 부족해하고 갈증을 느끼기 때문이다. 이것이 정신적 공허함 또는 허전함으로 표출되는 것이다.

우리가 사회적으로 성공했다거나, 재산이 많다거나, 가족이 있고 행복하다고 해서 항상 성취감을 얻고 정신적 충만함에 이를 수 있는 것은 아니다. 언론을 보면 가끔 사회적으로 성공한 사람, 거대한 재산을 가진 사람, 단란한 가정을 이루면서 그림같이 사는 사람, 그래서 겉으로는 대단히 행복할 것 같은 사람들이 마약, 도박, 갑질, 각종 추태 등 사회적 일탈 행위를 하는 뉴스가 보도된다.

사실 언론에서 전하는 것들은 우리 사회의 빙산의 일각에 불과하다. 어쨌거나 그들은 세상 사람들이 원하는 것들을 다 가진 사람들이다. 사회적 성공이며 명예며 돈이며 가족 등 말이다. 그럼에도 그들은 일탈 행위를 한다. 왜일까? 그것은 그들이 그 모든 것을 가졌음에도 불구하고 정신적 공허함에 시달리기 때문이다.

사회적 성공, 명예, 돈, 가족 등이 우리의 유전자를 만족시키는 것은 사실이다. 그러나 그것은 일시적 만족일 뿐 지속성은 없다. 그래서 우리가 이러한 것들에 안주하고 무의미하게 지내면 우리의 유전자는 권태에 빠지고 뭔가 공허함을 느끼게 된다. 이에 사람들이 유전자를 만족시킬 수 있는 다양한 쾌락을 찾아 헤매는 것이다.

그렇다면 우리는 어떻게 하면 이러한 권태 또는 정신적 공허함에서 벗어날 수 있을까. 먼저 우리 유전자는 끊임없는 노동과 그에 따른 지속적인 성과물 획득을 원한다. 우리 인간은 인간 이전의 그

아득한 옛날부터 생존을 위한 끊임없는 노동을 해왔다. 거기에 더하여 우리 인간은 두뇌를 많이 사용하면서 두뇌까지 진화시켜왔다. 그래서 인간의 유전자에는 두뇌와 육체를 이용한 끊임없는 노동과 그에 따른 지속적인 성과물 획득이 프로그램화되어 있는 것이다. 한마디로 모든 생명체는 운명적으로 끊임없이 노동하도록 설계되어 있다. 이것이 진리다.

자기계발도 마찬가지다. 모든 생명체는 환경에 적응하고 경쟁에서 살아남기 위해 죽을 힘을 다한다. 자기계발도 그런 차원이다. 자기계발 또한 효과적인 생존과 번식을 위한 행위로서, 이도 우리 유전자에 프로그램화되어 있다. 그러하니 노동을 하고 그에 따른 성과물을 획득하거나 자기계발을 하면 괜히 기쁘고 만족감도 얻고 삶의 보람을 느끼는 것이다. 바로 건강한 생존과 번식을 지상 목표로 삼는 우리 유전자를 즐겁게 하기 때문이다.

그런데 인간이 여러 가지 이유로 노동을 부정하거나 자기계발을 등한히 하면 어떻게 될까. 그러면 인간 유전자는 애초에 설계된 프로그램이 정상적으로 작동하지 못하고 휴면 상태에 놓이게 된다. 그러면 권태에 빠지거나 정신적 공허함에 시달리게 되는 것이다. 설령 인간이 이에서 벗어나기 위해 쾌락을 추구한다 해도 일시적으로 권태에서 벗어날 수 있을지언정 정신적 공허함까지 메울 수는 없다. 두뇌와 육체를 이용한 노동과 성과물 획득 또는 자기계발이 없기 때문이다. 또한 쾌락의 추구는 유전자를 불안하게 한다.

건강함을 훼손할 수 있기 때문이다. 쾌락의 추구는 혹을 떼려다 오히려 혹을 하나 덧붙이는 셈이다.

우리가 권태나 정신적 공허함에서 벗어나기 위해서는 성취감과 정신적 충만함이 필요하다. 그리고 그것이 지속적으로 이루어져야만 한다. 이를 위해서는 두뇌와 육체를 이용하여 꾸준히 노동을 하고 그에 따른 성과물을 지속적으로 획득해야 하며 자기계발을 지속해 나가야 한다. 그러면 우리 유전자는 성취감을 얻고 정신적 충만함에 이르게 된다.

그런데 우리가 열심히 노동을 했는데도 건강한 삶을 영위할 만한 충분한 대가를 얻지 못하거나 열심히 노력했는데도 자기 발전을 이루지 못한다면 어떻게 될까. 우리의 유전자는 심히 실망하게 된다. 심하면 절망에까지 이르게 된다. 따라서 성취감을 얻고 정신적 충만함에 이르기 위해서는 노력에 대한 적정한 대가와 자기 발전이 있어야만 한다.

우리가 노동으로 획득한 성과물 또는 자기 자신의 발전된 역량을 자기 자신만을 위해 사용한다면 그 성취감 그리고 정신적 충만함은 제한적일 수밖에 없다. 반면에 그것을 자기 자신뿐 아니라 가족 모두를 위해 사용한다면 성취감도 정신적 충만함도 배가 된다. 더 나아가 사회를 위해 사용한다면 그 성취감과 정신적 충만함은 더할 나위 없이 커지게 된다. 보다 더 많은 사람들을 이롭게 하기 때문이다. 우리가 푼돈을 기부하고도 적지 않은 뿌듯함을 느끼는데 하물며 사회를 위해 일하는데 그 기쁨과 보람이 얼마나 크겠는가! 그래서 국가와 민족을 위해 일하는 것은 결코 희생이 아니다. 무한한 즐거움이요 보람이요 의미인 것이다.

사람들은 이타심을 이기심과 구분하여 생각하는 경향이 있다. 하지만 사실 이타심은 이기심의 연장선상에 있다. 즉 내가 국가와 민족을 위해 일하는 것은 나 자신의 성취감과 정신적 충만함을 위한 것이기도 한 것이다. 물론 이것이 모든 사람들에게 해당되는 것은 아닐 것이다. 하지만 이타심과 이기심은 서로 연관되어 있음이 분명하다. 본래 인간은 자기와 무관한 일엔 관심을 두지 않는 법이니까.

성취감과 정신적 충만함은 연령이나 성격 또는 성별에 따라 다르게 나타날 수 있다. 예컨대, 청소년은 강력한 자기 발전을 이루는 데서, 중장년층은 사회적 성공을 성취하는 데서, 노년층은 이웃을 돕고 편안한 노후를 즐기는 데서, 여성은 여성성이 충족되고 남성은 남성성이 충족되는 데서 보다 더 큰 성취감을 얻을 수 있는 것이다.

현대 사회는 성취감과 관련하여 여러 문제를 안고 있다. 즉 인간이 마치 기계의 부속품처럼 되어 자기 노동의 성과를 자신이 직접 확인하기 어려운 것이다. 또한 노동과 그 대가가 비례하는 것도 아니다. 그러다 보니 비록 매월 월급 받고 가족과 함께 생활은 하지만, 성취감은 적고 생활은 따분하기만 하다. 또한 정신노동은 지나치게 많은 데 반해 육체노동은 너무 적어 불균형이 심각하다.

이를 극복하기 위해서는 다양한 취미 활동이나 운동 또는 텃밭 가꾸기 등을 통해 정신과 육체의 균형을 잡고 꾸준히 성취감을 얻을 필요가 있다. 중요한 것은 성취감을 얻고 보람을 느끼는 것이다. 이것이 없으면 의미가 없다. 따라서 위의 활동들을 통해 지속적인 발전을 이루거나 눈에 보이는 가시적 성과를 내야만 한다.

요즘 서양의 젊은 여성들은 과거의 완고한 페미니즘의 굴레로부터 벗어나 여성성을 되찾고 여성으로서의 삶을 즐긴다고 한다. 항상 가족과 함께하면서 텃밭도 가꾸고 뜨게질도 하고 요리도 하고 그림도 그리고 블로그도 꾸미면서 서로 소통하며 즐겁게 산다는 것이다. 사실 이것이 맞는 것이다. 이러한 추세는 앞으로 전 세계적으로 파급되어 보편화될 것이다.

여성해방 운운하는 과거의 완고한 페미니즘은 남성에 대한 무조건적 반항에서 비롯된 것으로서 전혀 이론적 근거도 합리적 타당성도 없는 것이다. 인류 역사에서 이 따위 허무맹랑한 사상들은 얼마든지 있었다. 공산주의도 그 한 예다. 하지만 결국엔 모두 아침 이슬처럼 한때 반짝이다 사라지고 말았다. 단언하거니와 페미니즘도 똑같은 전철을 밟게 될 것이다.

텃밭 가꾸기는 정말 권장할 만한 일이다. 인간 유전자에 들어맞는 원시적 노동이다. 또한 적당한 육체노동도 된다. 더 중요한 것은 끊임없이 성취감을 얻을 수 있다는 것이다. 채소를 심고 기르며 그것들이 자라는 과정을 지켜보는 것, 잘 자란 채소를 채취해서 이웃과 나눠먹는 것, 열매를 수확하는 것, 그리고 철마다 색다른 채소들과 함께하는 것 등이 모두 성취감을 얻고 정신적 충만함에 이르는 데 큰 도움이 된다. 나는 텃밭 가꾸기 하나만으로도 인간을 더 나아가 인간 세상을 건강하게 할 수 있으리라 본다.

6장
가족 단위

앞에서 나는 삶은 정신적으로 그리고 육체적으로 건강한 삶을 영위하는 과정이라고 말한 바 있다. 그런데 이 건강한 삶이란 것은 기본적으로 가족 단위로 이루어진다. 개인 단위가 아닌 것이다. 생명체의 유일무이의 목표는 생존과 번식이다. 가족은 번식 행위의 최소 단위다. 그러하니 가족은 목적 그 자체일 수밖에 없는 것이다. 가족은 결코 선택 사항일 수 없다. 우리 인간의 삶의 기본 단위는 가족이다. 이것이 진리다.

요즘 사회가 많이 혼란하다. 젊은 세대는 '삼포 세대'라 불린다. 직업 또는 경제적 능력이 없어서 연애·결혼·출산을 포기한 세대란 뜻이다. 이젠 칠포 세대란 말까지 등장하는 실정이다. 일부 젊은 이들은 부부의 구속보다 솔로의 자유로움을 선택하기도 하며 또

다른 일부는 사회의 잦은 이혼 현상을 두려워하여 아예 결혼을 하지 않으려고도 한다. 그래서 우리 사회는 1인 가구가 점증하는 상황에 있고 그들을 대상으로 한 다양한 마케팅까지 등장하고 있는 실정이다.

어떤 전문가들은 이러한 상황을 피할 수 없는 시대적 변화 또는 추세로 보고 이러한 상황이 장기적으로 지속되거나 더 심화할 것이라고 예측한다. 그리고 이러한 시대적 흐름을 인정하고 이에 대해 사회가 좀더 적극적으로 대책을 마련해야 한다고 주장한다.

과연 이러한 주장은 옳은 것일까. 인간은 정녕 번식 본능을 잃어가고 있는 것일까. 결코 아니다. 번식 본능은 생명체가 태초에 존재하던 시절부터 있어 왔던 것이다. 그리고 그 번식 본능은 진화와 더불어 계속 이어져 왔고 오늘날에도 인간을 비롯한 모든 생명체의 유전자에 그대로 프로그램화되어 남아 있다. 인간의 번식 본능에 변한 것은 아무것도 없다. 단지 사회적 상황 변화로 인하여 일시적 혼란 상태를 겪고 있을 뿐이다.

우리는 쉽게 우리 유전자의 명령을 거스를 수 있다고 생각하는 경향이 있다. 마음대로 유전자를 주물럭거릴 수 있다고 생각하는 것이다. 특히 남성을 적으로 여기고 진화론을 부정하는 일부 강고한 페미니스트들이 그렇다. 실로 어리석음의 소치라 하지 않을 수 없다. 우리가 우리의 유전자를 그렇게 마음대로 주무를 수 있다면 벌써 인간은 다양한 형태로 변환됐을 것이다. 그리고 임의로 다양하게 변환된 것들, 즉 돌연변이들은 환경에 적응하지 못하고 순식간에 멸종했을 것이다. 우리의 유전자는 생존과 번식에 최적화된 시스템을 가지고 있다. 이의 변형은 결코 간단한 일이 아니다. 임의적 변형은 사멸을 의미할 뿐이다. 인간 유전자는 앞으로 영구히 변하지 않을지도 모른다.

결혼을 부정하고 가족을 부정하는 행위는 일부가 일시적으로나 할 수 있는 일이다. 결코 다수가 장기적으로 할 수 있는 일이 아니다. 인간 유전자의 명령을 거스르는 행위이기 때문이다. 이런 행위는 인류 역사에서 종종 있어왔던 일이다. 예컨대 로마제국은 독신자들이 많아져서 이들의 숫자를 줄이기 위해 독신세를 도입하기도 했고 간통죄를 제정하기도 했다. 하지만 인류는 이런 사소한 문제들에도 불구하고 항상 가족 단위의 삶을 도도히 이어왔다. 특히 동양의 유교는 가족을 최고의 가치로 삼았다.

서양 중세시대 가톨릭교회 사제는 결혼을 할 수 없었다. 그러나 루터의 신교는 이를 부정하고 사제의 결혼을 주장했다. 그리고 오늘날 가톨릭교회는 사제의 결혼 금지를 신중히 재검토하기 시작했다. 불교도 마찬가지다. 우리나라뿐 아니라 중국이나 일본에서도 역사적으로 불교가 번성한 사회치고 타락하고 혼란하지 아니한 사회가 없었다. 공(空)을 외치면서 색(色) 속으로 빠져드는 것이다. 그리고 오늘날 많은 승려들이 처자식을 거느리고 있다. 유전자의 명령은 돌연변이가 아닌 한 그 누구도 거스를 수 없다. 일부 강고한 페미니스트들의 주장 따위는 일고의 가치도 없다 할 것이다.

지금의 독신 세대의 증가는 일시적 아노미 현상에 불과하다. 이러한 아노미 현상은 인류 역사에서 종종 있어왔던 일이다. 큰 의미가 있는 것이 아니다. 인류는 이런 아노미 현상을 그때마다 지혜롭게 극복하고 가족 단위의 삶을 지켜 왔다. 현재의 아노미 현상 또한 극복의 대상일 뿐 순응의 대상이 될 수 없다. 우리는 이 난관을 지혜롭게 극복하고 가족을 회복해야만 한다.

가족은 정말 중요하다. 가족은 삶의 출발점이자 종착역이다. 우리는 가족의 품에서 태어나 자라고 가족 곁에서 죽어간다. 가족이 없는 삶은 없다. 가족이 행복해야 개인도 행복할 수 있다. 가족이 불행하면 그 누구의 삶도 장담할 수 없다. 실제로 어린이·청소년 행복 지수 조사 결과에 의하면 '행복에 가장 필요한 것'으로 초등·중학생은 '화목한 가정'을 가장 많이 꼽았다. 실로 가족이 행복해야 개인도 행복하고 사회도 행복해진다. 진정 가족의 중요성은 아무리 강조해도 지나치지 않다.

요즘 가족 영화가 대세다. 가족 영화의 관객은 웬만하면 천만 명을 넘나든다. 당연하다. 가족만큼 감동을 줄 수 있는 영화 소재가 없기 때문이다. 특히 동양은 서양에 비해 가족주의적 관념이 강하다. 가족 영화가 히트 칠 수밖에 없는 조건을 가지고 있는 것이다.

가족 부양 또는 가족에의 헌신은 우리에게 말할 수 없는 성취감을 얻게 하고 정신적 충만함에 이르게 한다. 부양 또는 헌신의 고통은 오히려 성취감 또는 정신적 충만함을 배가시킨다. 아마도 독신자들은 이를 이해하지 못할 것이다. 부모에게 자녀는 곧 삶의 즐거움이요 의미다. 아니 그들 자신의 생명이다.

경세가(經世家) 또한 가족을 사랑해야 한다. 가족을 사랑하지 못하는 자가 어찌 세상을 사랑할 수 있겠는가!

가족이 구성되기 위해서는 남녀가 결혼을 해야 한다. 그리고 남성이 결혼하기 위해서는 직업이 있어야 한다. 그 어떤 여성이 직업 없는 무능한 남성과 결혼하려 하겠는가. 그런데 남성이 직업이 없어서 결혼을 하지 못하면 여성도 결혼을 할 수 없다. 따라서 남성의 직업 문제는 여성의 문제이기도 한 것이다.

남성의 직업의 중요성이 바로 여기에 있다. 남성의 직업은 그 가치와 중요성에서 여성의 직업과는 비교가 되지 않는다. 여성에게 직업은 선택의 문제일 수 있지만 남성에게 직업은 거의 생명이 걸린 문제다. 또한 남성의 직업은 가족의 미래, 더 나아가 국가의 미래까지 걸린 문제이기도 하다. 이런 중차대한 문제를 우리 사회는 너무 안일한 자세로 대처하고 있다. 실로 근본을 망각하고 있는 것이다. 이러고서도 어찌 이 사회가 잘되기를 바랄 수 있겠는가.

우리는 너무 먼 곳 그리고 너무 높은 곳만 바라보고 있다. 그리하여 정작 우리 곁에 가까이 그리고 낮은 데 있는 소중한 것들을 놓치고 있다. 등잔 밑이 어두운 꼴이다. 아, 가족이 무너지고 사라지고 있다!

남성을 가족으로 묶어야 하는 또 다른 이유가 있다. 남성은 본래 거칠고 흉포한 존재다. 본래 자연계 수컷들이 다 그렇다. 조폭과 같다. 그렇지만 남성이 결혼하면 양순해진다. 가족이 있기 때문이다. 가족은 남성을 거세하는 효과가 있는 것이다. 그래서 남성에게 가족이 더 필요하다. 사회가 강건함과 아울러 평온함을 유지하기 위해서는 남성들을 장가 보내 거세시켜야만 한다.

가족은 또한 남성의 건강한 노년을 위해서도 반드시 필요하다. '늙은 과부는 있어도 늙은 홀아비는 없다'고 했다. 남자는 늙어서 혼자 살기 어렵다. 가족의 도움이 절실히 필요하다. 남성이 늙어서 가족에게 버림받는다면 그 어떤 남성이 가족을 위해 희생하려 하겠는가. 젊어서 남성은 가족을 위해 희생하고 늙어서 여성은 남성을 위해 희생해야 한다. 남녀는 서로 돕고 살아야 한다. 결코 개인주의는 있을 수 없다. 그것이 진리다.

요즘 젊은층의 이혼이 많다. 우려할 만한 일이다. 일부 젊은이들은 이혼이 두려워 아예 결혼을 포기하기도 한다. 이혼은 성문화의 혼란에서 기인하는 것도 있지만 부부간의 존중심 결여에서 기인하기도 한다. 부부가 이혼하고 가족이 해체된다면 결혼이 무슨 의미가 있겠는가. 따라서 이혼은 최대한 줄어야 한다.

부부간 존중심은 대단히 중요하다. 요즘 젊은 부부들은 친밀함은 넘치는데 존중심은 너무 부족하다. 부부가 아무리 친밀하더라도 서로 존중하지 않는다면 그 사이는 쉽게 깨지게 되어 있다. 서로 함부로 대하면 서로의 자존심과 인격을 해치고 마음에 깊은 상처를 주기 때문이다. 따라서 부부는 친밀함 이상으로 서로 존중할 수 있어야 한다. 서로의 자존심을 존중하고 서로의 인격을 존중해야 한다. 그래야만 그 친밀함이 지속되고 좋은 부부 관계를 오래도록 유지할 수 있다.

부부가 서로 존중하는 좋은 방법이 있다. 서로 존댓말을 사용하는 것이다. 매사에 서로 존댓말을 사용하자. 그리하면 부부간의 품격도 높아지고 친밀함도 지속될 수 있다. 우리는 가까운 사이일수록 더 예의를 지켜야 한다. 가까운 사이일수록 더 함부로 행동하기 쉽기 때문이다. 우리 대한민국은 예로부터 동방예의지국으로 불려왔다. 우리 대한민국 부부는 서로 존댓말을 사용해야 한다. 더 나아가 이러한 부부 존중 문화가 전 세계로 확산되길 기대한다.

가족, 이 얼마나 아름다운 말인가! 우리 삶의 단위는 개인이 아니라 가족이다. 이제 우리 사회는 가족 아니면 개인 둘 중 어느 하나를 선택해야만 할 상황에 왔다. 양자는 결코 공존할 수 없다. 가족을 지향하면 개인이, 개인을 지향하면 가족이 희생될 수밖에 없다. 결단을 내려야 한다. 가족으로 가자. 가족에 모든 국가적 역량을 집중해야 한다. 현재와 같은 어정쩡한 자세는 사회를 더 혼란하게 하고 국민의 삶을 더 피폐하게 할 뿐이다. 지금이 골든타임이다. 지금 바로 시작해야 한다.

II부

사회 질서

7장

국가의 목적

　국가의 목적은 뭘까. 정의의 실현일까. 아니면 다른 그 무엇일까. 만일 정의의 실현이 국가의 목적이라면, 과연 정의란 뭘까. 도대체 정의(正義)를 명확하게 정의(定義) 내릴 수 있는 사람이 있기나 할까. 만일 정의에 대한 명확한 답이 있었다면 세상은 혼란하지 않았을 것이다. 시민들 모두가 훤히 아는 정의가 엄존하는데 어찌 감히 정치인들이 경거망동을 할 수 있겠는가.
　그런데 정의란 추상적이고 주관적인 것이다. 그 누구도 정의할 수 없다. 그래서 세상이 혼란한 것이다. 본래 정의란 없다. 단지 사람들이 모호한 그 무엇을 가리켜 정의라 표현했을 따름이다. 그러하니 정의에 대한 개념이 '장님 코끼리 만지기' 식의 중구난방이 될 수밖에 없는 것이다. 이는 마치 노자가 말한 '도(道)'와 같다. 생각하기 나름이고 상상하기 나름이다.

분명 정의의 실체는 없다. 그래서 그 실체를 추구하고자 하는 것은 뜬구름을 잡고자 하는 것과도 같다. 그렇다고 정의 자체가 없는 것은 아니다. 실체는 없지만 뭔가는 있다. 구름처럼 말이다. 그러니까 유사 이래 수많은 철인들이 그것을 탐구해 왔을 것이다.

어쨌거나 정의의 실체도 없고 정의의 객관화도 이루어지지 않은 상황에서 국가가 정의를 추구한다는 것이 과연 타당한 것일까. 국가의 목적이 정의의 실현인지도 의문이지만 정의에 대한 국민적 공감대도 없이 불쑥 정의부터 실현하자고 하는 것은 넌센스가 아닐 수 없다. 이 사회가 중심을 못 잡고 흔들리는 이유다.

세계 각국은 대체로 개인의 행복추구권을 인정하며 복지국가 실현을 목표로 한다. 나는 앞에서 행복의 역설을 말한 바 있다. 행복이란 단어는 남용되어서는 곤란하다. 우리가 행복을 추구하면 할수록 행복에서 더 멀어진다. 건강한 삶을 추구할 때 비로소 행복을 실감할 수 있다.

또한 복지란 무엇인가. 편히 놀고먹는 것이 복지인가. 그 복지 재원은 어떻게 조달할 것인가. 2015년 4월 20일은 유엔이 정한 '세계 행복의 날'이었다. 이날을 맞아 한 여론 조사 기관이 세계 143개국의 사람들에게 똑같은 질문을 던졌다.

"당신은 얼마나 행복한가"

우리나라는 118위에 불과했다. 성인 행복 지수가 높은 나라는 파라과이, 에콰도르, 과테말라 등의 중남미 국가들이었다.

그 이유가 무엇일까. 지난 2006년부터 시작된 이 '행복감 조사'는 GDP(국민총생산) 규모, 즉 나라가 얼마나 부자냐 아니냐를 따지는 게 아니라 하루하루 사는 재미가 있는가, 즉 사람들의 일상의 행복도를 조사했기 때문이다. 위의 결과는 행복을 위해선 물질적 풍요나 쾌락보다 일상의 건강한 삶이 더 중요하다는 것을 보여준다. 선진국들이 복지국가를 지향하면서도 오히려 복지로부터 더 멀어지는 이유다.

문제는 그렇다. 우리가 흔히 말하는 정의니 행복이니 복지니 하는 것들의 개념이 분명치 않다는 사실이다. 그리고 '그러한 것들이 과연 국가의 목적이 될 수 있느냐' 하는 것도 의문이다. 결론을 말하자면 위의 것들은 국가의 목적이 될 수 없다. 나는 삶은 장기적으로 정신적으로 그리고 육체적으로 건강한 삶을 영위하는 과정이라고 말한 바 있다. 그렇다면 국가의 목적은 '국민 다수가 장기적으로 정신적으로 그리고 육체적으로 건강한 삶을 영위하는 것'일 수밖에 없다. 바로 그것이다.

국가의 목적엔 중요한 두 가지 포인트가 있다. 하나는 국민 '다수(多數)'요 다른 하나는 '장기(長期)'다. 나는 국가의 목적에서 국민 모두가 아닌 국민 다수를 말했다. 국민 모두를 말하는 것이 당연할진대 왜 국민 다수라 했을까. 나는 앞에서 '보호하지 않음과 경쟁'이 삶의 본원적 질서라 말한 바 있다. 따라서 국가는 당연히 '보호하지 않음과 경쟁'이라는 삶의 본원적 질서를 견지해야만 한다. 이러한 질서 속에서 국민 다수는 건강한 삶을 영위할 수 있지만 일부는 낙오될 수도 있다. 어쩌면 나 자신이 낙오자가 될 수도 있다. 하지만 어쩔 수 없는 일이다.

낙오자를 사회가 보호하는 것은 바람직하지 않다. 삶의 세계는 처절한 세계다. 경쟁과 투쟁이 지배하는 세계다. 그런데 국가가 낙오자를 보호한다면 그 누가 처절하게 세상을 살아가려 하겠는가. 그리고 사회 구성원들이 처절하게 살아나가지 않을진대 어찌 국가가 존립할 수 있겠는가. 공산주의를 보라! 그들은 국민 모두를 지향하고 보호하는 우를 범했기에 오늘날 그 국민 대다수가 삶의 고통에 허덕이고 있다. 그래서 나는 감히 국민 모두가 아닌 국민 다수를 말하는 것이다. 정녕 국민 다수가 건강한 삶을 영위한다면 그 국가는 성공한 국가다.

국민 다수는 장기적으로 건강한 삶을 영위할 수 있어야 한다. '장기'이어야만 한다. '단기'이어서는 안 된다. 공산주의가 대표적인 예다. 공산주의 국가 시민들은 국가의 보호 아래 일시적으로 편안한 삶을 영위했다. 그러나 그 후 그들은 더 지독한 삶의 고통을 겪으면서 그 대가를 톡톡히 치르고 있다.

삶의 본질은 투쟁이요 고통이다. 결코 보호와 안일이 아니다. 이를 부정하는 것은 삶을 부정하는 것과 같다. 결코 용서할 수 없는 일이다. 기득권층이든 소외계층이든 말이다. 우리 모두는 삶에 목숨을 바칠 각오를 해야 한다. 투쟁과 고통, 즉 시민들의 피와 땀과 눈물이야말로 사회복지의 근간임을 알아야 한다.

국가의 목적은 국민 다수가 장기적으로 건강한 삶을 영위하는 것이다. 그리고 정의란 그것을 가능케 하는 것들이다. 정의는 실체는 없지만 분명히 존재한다. 마치 구름처럼 말이다. 그리고 그 정의는 시대와 장소 또는 상황에 따라 달라질 수 있다. 따라서 정의는 그때마다 다르게 찾아야 하며 또한 다르게 나타난다.

정의는 곧 올바름이다. 국가의 목적은 오직 올바름에 의해서만 달성될 수 있다. 올바름이 아닌 한 국가의 목적은 결코 달성될 수 없다. 올바름은 가히 국가의 생명과도 같다. 그럼에도 사람들은 올바름을 별로 좋아하지 않는다. 올바름보다는 이익을 원한다. 이익에 합치되면 잠잠하되, 이익에 어긋나면 죽기를 각오하고 대항한다. 포퓰리즘이나 각종 집단이기주의, 이것이 문제다.

때로 국가는 인기 있는 곳의 재정 지출을 줄이고 인기 없는 곳에 막대한 자금을 쏟아부어야 할 때가 있다. 과학기술 인재 양성, 연구개발 투자 확대, 중소기업 육성 등이 그렇다. 사실 이런 것들은 일자리 창출 및 국가 경쟁력 강화를 위해 대단히 시급한 당면 과제다. 그럼에도 포퓰리즘이나 각종 집단이기주의의 반대에 부딪혀 감히 시행할 수 없다. 또한 기득권층은 그들대로 그 기득권을 공고히 하려 들고 각종 좋은 기회를 독점하려 든다. 기회의 균등과 각종 평가 등을 왜곡하려 드는 것이다. 이래서는 다수가 절망하고 사회의 역동성도 사라질 수밖에 없다. 진정 대한민국은 포퓰리즘 또는 망국적 각종 집단이기주의 속에 위기 상황으로 치닫고 있다.

국가의 목적은 명확해야 한다. 국가의 목적은 국민 다수가 장기적으로 정신적으로 그리고 육체적으로 건강한 삶을 영위하는 것이다. 그런데 우리가 국가의 목적을 이해했다고 해서 그 목적이 저절로 달성되는 것은 아니다. 진정 올바름이 필요한 것이다. 결국 '우리가 어떻게 올바름을 획득하고 관철하느냐' 하는 것이 우리의 지상 과제일 수밖에 없으며 또한 그것이 대한민국의 미래를 결정하게 될 것이다.

8장
자유시장경제의 본질

이 세계는 '보호하지 않음'의 세계이다. 지구상에서 보호받는 생명체는 없다. 보호하지 않음은 생명체를 더 역동적이고 더 건강하게 한다. 실로 생명의 질서다. 국가도 자연의 질서를 좇아 보호하지 않음을 지향하여야 한다. 즉 국가는 개인의 삶을 보호하려 해서는 안 된다. 그냥 개인에게 맡겨야 한다. 그것이 자유시장경제다. 자유시장경제는 자연의 질서요 생명의 질서며 최선의 질서이기도 하다. 인류의 역사는 자유시장경제의 역사라 해도 과언이 아니다.

사람들은 생산 수단 또는 재산 등의 사유화 여부에 따라 자유시장경제와 사회주의경제를 구분하는 경향이 있지만 이는 단지 외형적 구분 기준에 불과하다. 실질적 구분 기준은 국가에 의한 개인의 삶 보호 여부다. 즉 국가가 개인의 삶을 보호하면 사회주의경제요 국가가 개인의 삶을 보호하지 아니하고 개인에게 일임하면 자유시장경제인 것이다.

개인의 삶을 개인에게 일임하는 자유시장경제는 일견 냉혹하게 보일 수도 있다. 아니 잘못된 경제라고 오해받을 수도 있다. 그리고 국가가 개인의 삶을 책임지는 사회주의경제는 아름답고 인간적인 경제로 보일 수 있다. 하지만 결과는 어떠한가. 자유시장경제는 세계를 지배하고 있고 사회주의경제는 쇠망했다.

사회주의경제 하에서 국민 모두는 보호와 안일 속에 일시적으로 건강한 삶을 영위할 수도 있다. 하지만 장기적으론 공멸을 피할 수 없다. 우리 모두가 보호와 안일 속에서 일시적으로 건강한 삶을 영위한들 그것이 무슨 의미가 있겠는가. 우리와 우리의 후손들이 긴 세월 동안 빈곤 속에서 고통 받는다면 말이다.

자유시장경제는 당연한 것이다. 이론(異論)의 여지가 없는 경제질서다. 우리는 마땅히 자유시장경제를 지향하여야 한다. 이 자유시장경제의 대척점에 있는 것이 바로 사회복지다. 사회복지는 국가가 개인의 삶을 보호하는 것이기 때문이다. 앞에서 나는 국가가 개인의 삶을 보호하는 것은 대단히 위험한 일이라고 누차 강조한 바 있다. 또한 사회복지는 무상이익이라는 달콤함으로 인해 한번 시행하면 취소하기도 힘들다. 엄청난 저항에 부딪히기 때문이다. 막대한 사회복지 비용 또한 큰 문제다.

사회복지 비용의 지출은 적을수록 좋다. 국가는 오히려 과학기술 인재 양성, 연구개발 투자 확대, 중소기업 육성 등에 더 많은 자금을 투자해야 한다. 그래서 경제를 살리고 국가 경쟁력을 키워야 한다. 경제가 곧 복지다. 경제 없는 복지는 없다. 국가적 재난이 아닌 한 사회복지 비용은 최소한에 그쳐야 한다.

사회복지는 설탕과 같다. 달지만 몸엔 해롭다. 빈자의 이기주의이기도 하다. 우리는 값싼 포퓰리즘으로부터 벗어나야만 한다. 그것이 진실로 국민 다수가 장기적으로 건강한 삶을 영위하는 지름길이다.

자유시장경제의 핵심은 경쟁이다. 경쟁은 사회를 역동적이고 건강하게 한다. '보호하지 않음과 경쟁'은 실로 삶의 본원적 질서다. 우리 모두는 이 땅에 태어나기 전부터 3억분의 1이라는 엄청난 경쟁을 뚫고 태어났다. 경쟁은 본원적인 것이다. 어떤 이들은 경쟁 일변도의 한국 사회를 우려하기도 한다. 그러면서 보다 협력적인 사회로 나아갈 것을 제안한다. 일리 있는 말이다. 하지만 협력 안에도 경쟁이 있다. 예컨대, 삼성전자 직원들이라고 모두 서로 협력만 하는 것은 아니다. 그 안에서 서로 치열하게 경쟁한다.

경쟁을 지나치게 걱정할 필요는 없다. 경쟁의 패배가 곧 도태나 소외를 의미하는 것은 아니기 때문이다. 사회 구성원들은 경쟁을 통해 자기 능력 또는 적성에 맞는 일자리를 찾아나간다. 그리고 이는 사회의 필수적인 피라미드형 서열 구조와 효율적인 사회분업 체계를 만드는 역할을 한다.

물론 경쟁 과정에서 일부 낙오자나 사회 부적응자들이 나타날 수도 있다. 이는 어쩔 수 없는 일이다. 이런 현상은 인류 역사에서 그리고 모든 사회에서 흔히 있어왔던 일이다. 그럼에도 인류는 여전히 건강하게 생존과 번식을 지속하고 있다. 중요한 건 다수다. 진정 국민 다수가 장기적으로 건강한 삶을 영위한다면 그 국가는 성공한 국가다.

우리가 자유시장경제를 지향하는 이유는 그 경제 질서가 국가를 역동적이고 건강하게 하여 국민 다수로 하여금 장기적으로 건강한 삶을 영위하게 하기 때문이다. 그런데 자유시장경제가 이러한 효과를 거두지 못한다면, 즉 국가가 타성에 젖고 무기력하다면 그 자유시장경제는 심각한 문제를 안고 있다고 말할 수밖에 없다.

정말 중요한 것은 자유시장경제가 아니다. 국가를 역동적이고 건강하게 하는 경제 질서다. 즉 구호가 아닌 실질이 중요한 것이다. 실로 국가를 역동적이고 건강하게 하는 경제 질서는 그 질서가 어떤 질서라 할지라도 최고의 경제 질서이겠지만, 그렇지 못한 경제 질서는 자유시장경제 아니 신이 내린 질서라 할지라도 최악의 경제 질서일 수밖에 없다.

그래서 자유시장경제에는 반드시 공정함이 필요하다. 공정함은 자유시장경제의 생명과도 같다. 공정함이 없는 자유시장경제는 죽은 시장경제 그 이상도 이하도 아니다. 더 이상 의미 없는 경제다. 그래서 국가는 자유시장경제는 기본이고 반드시 공정함을 행해야만 한다. 기회의 균등, 각종 평가의 공정함, 분배의 공정함 말이다. 이 공정함 속에서 사회 구성원들 간의 정정당당한 경쟁이 이루어지고 그 위에서 국가의 역동성과 건강함이 보장된다.

그런데 이러한 공정함은 국가 지도층이 사심이 없을 때 비로소 행해질 수 있다. 국가 지도층이 사심을 품는 한 공정함은 없다. 그래서 국가 지도층은 결코 사심이 있어서는 안 된다. '공정무사(公正無私)'란 말도 있지 아니한가. 그런데 사람들은 '무사(無私)'를 말하면서도 '절제'는 말하지 않는다. '절제'를 모르기 때문일 것이다. 하지만 무사를 위해서는 반드시 절제해야만 한다. 우리가 탐욕이나 속세의 행복을 추구하는 한 결코 '무사'는 없다. 그리고 무사가 없으면 공정함도 없다. 그래서 국가 지도층은 반드시 절제해야만 한다.

절제는 이념이나 사상의 문제가 아니다. 오직 마음의 문제다. 어떤 고상한 이념 또는 사상에 심취한 사람일지라도 절제하지 않는다면 그는 결코 공정함을 행할 수 없다. 하지만 무지한 사람이라 할지라도 절제한다면 능히 공정함을 행할 수 있다.

우리에게 자유시장경제가 필요하다는 것은 이제 모두가 다 아는 사실이다. 그렇다고 자유시장경제가 거저 국가의 역동성과 건강함을 보장하는 것은 아니다. 이를 위해서는 반드시 공정함이 필요하다. 공정함 속에서 사회 구성원들이 정정당당하게 경쟁할 때 비로소 국가는 역동적이고 건강할 수 있다. 그리고 그 속에서 국민 다수는 장기적으로 건강한 삶을 영위할 수 있다.

9장

공정함에 대하여

공정함을 모르는 사람이 있을까. 나는 공정함을 모르는 사람은 없다고 생각한다. 심지어 아기들도 옳고 그름을 판단할 수 있다고 한다. 하물며 성인들이야 이를 모를 리 있겠는가. 그럼에도 우리 사회에서는 공정함이 외면 또는 부정되고 있다. 공정함이 없는 한 국가는 결코 국민 다수가 장기적으로 건강한 삶을 영위하는 세상을 실현할 수 없다. 공정함이 없는 사회는 실로 죽은 사회나 다름없다. 그럼에도 우리 사회는 자꾸 그 길로 들어가고 있다. 위기 상황이다.

공정함은 시작과 과정 그리고 결과의 공정함으로 나누어 생각해볼 수 있다. 시작은 기회의 균등이요, 과정은 각종 성과 평가의 공정함이며, 결과는 분배의 공정함이다. 이 셋 모두는 반드시 완벽하게 이 땅에 실현되어야 한다.

기회의 균등은 모든 국민에게 동등한 기회를 주어야 한다는 것이다. 교육 기회의 균등이 대표적인 예다. 우리나라의 경우 교육 기회는 대체로 균등한 편이다. 다만, 사교육의 지나친 팽창과 비싼 대학 등록금은 문제다. 사실 사교육은 꼭 부정적으로만 볼 문제는 아니다. 자녀에 대한 부모의 헌신은 당연한 것이다. 이를 불평등으로 보는 것은 마치 모든 국민들에게 똑같은 밥과 반찬을 먹으라고 강요하는 것과 같다. 편향된 시각이라 하지 않을 수 없다. 공교육이 보다 내실화되어야 한다는 것은 인정한다. 하지만 사교육 자체를 부정하는 것은 옳지 못하다. 자녀 교육도 경쟁이다. 이 점을 간과해서는 안 된다.

비싼 대학 등록금도 해결해야 할 과제다. 다만, 반값 등록금 따위의 값싼 포퓰리즘엔 반대한다. 비싼 대학 등록금도 문제지만 우리나라의 학력 인플레는 더 심각한 문제다. 대학 진학률을 확 낮추어야 한다. 그것이 핵심이다. 그것만 해결되면 비싼 등록금 문제도 국가 장학금을 확대하여 충분히 해결할 수 있다.

기회의 균등에서 빼놓을 수 없는 부분이 피선거권이다. 일정한 자격을 갖춘 국민 모두는 피선거권이 있다. 즉 선거에 후보로 등록하여 출마할 권리가 있는 것이다. 하지만 현실은 전혀 그렇지 못하다. 화려한 경력과 막강한 재력 그리고 인맥이 없는 한 사실상 후보로 출마할 길이 막혀 있다. 이는 정말 중요한 기회의 불균등이다. 화려한 경력이 있고 막강한 재력이 있다고 능력과 도덕성까지 갖추었다고 말할 수는 없다. 마찬가지로 경력과 재력이 부족하다고 능력과 도덕성도 없다고 단정지을 수는 없다.

중국 청나라 옹정제는 우리나라 세종대왕 이상으로 현군이자 성군이었다. 그 옹정제를 도와 뛰어난 업적을 남긴 사람들은 모두 과거에 급제하지 못한 사람들이었다. 과거에 급제한 사람들은 오히려 무능하기 짝이 없어서 황제의 신임조차 얻지 못했다. 사람의 능력과 도덕성은 경력이나 재력 따위와는 거의 무관하다. 그 따위 것들은 화려한 껍데기들에 불과하다. 진실로 유능한 인재는 껍데기 따위에는 신경도 쓰지 않는다. 유능하니까 말이다. 오히려 무능한 자들이 껍데기에 더 공을 들인다. 무능함을 감추기 위해서다.

이것이 바로 민주정의 위기다. 국민 대다수의 피선거권이 박탈됨으로써 진실로 유능한 인재들이 국가를 위해 일할 수 있는 기회가 막혀 있는 것이다. 사실상 신분제 사회로의 회귀다. 이 문제를 해결하지 못하는 한 민주주의에 희망은 없다.

이제 각종 성과 평가의 공정함을 생각해보자. 이것이야말로 오늘날 우리 사회에서 새롭게 쟁점으로 떠오르고 있는 대단히 중요한 부분이다. 지금 우리 사회 도처에서 각종 평가는 심하게 왜곡되고 있다. 그 대표적인 사례가 면접이다. 대학 입시나 각종 취업 등에서 면접은 필수가 되고 있다. 거의 면접 광풍이라 할 만하다. 그 취지는 이해한다.

하지만 문제는 평가의 공정성이다. 면접 평가는 주관적일 수밖에 없다. 그 누구도 면접 평가에 대해 왈가왈부하기 어렵다. 거기에 면접 평가 결과마저 공개되지 않고 있다. 그러다 보니 면접 평가의 공정성이 심각하게 훼손되고 있다. 대학 입시, 공직, 기업 취직 등 거의 모든 부분에서 공정성이 사라지고 인맥이나 연줄 등이 은밀하고도 깊숙이 개입되고 있다.

 이는 진정 우리 젊은이들을 분노하고 절망하게 한다. 사회의 유능한 인재들을 소외시키고 사회의 역동성과 건강함을 앗아간다. 이런 행위의 주도자들 대부분이 기득권층이다. 이런 불공정한 행위는 여기서 멈추지 않는다. 불공정에 가담하고 협조한 자들은 차후에도 그러한 사악한 행위를 수없이 반복하면서 이 사회를 도탄에 빠뜨릴 것이다. 이 어찌 망국적 행위라 하지 않을 수 있으리오!

 국가 고위직 승진도 마찬가지다. 능력이나 실적보다는 학연이나 지연 등이 우선이다. 신상필벌이 적용되지 않는다. 그러하니 무능한 자는 더 앞서가고 유능한 자는 더 뒤쳐진다. 이러한 상황에서 그 누가 국가와 민족을 위해 일하려 하겠는가. 그리고 유능한 사람들이 소외되는 상황에서 어찌 국가가 잘될 리 있겠는가. 메르스 사태도 무능한 자들이 국가 지도층을 장악한 데서 발생한 인재였다.

 불공정은 여기서 멈추지 않는다. 각종 입찰이 그렇다. 입찰은 모든 기업에게 기회가 열려 있다. 하지만 평가는 왜곡된다. 그래서 인맥이나 로비가 아니면 입찰에 선정되기 어렵다. 각종 입찰은 대부분이 부정과 부패에 휩싸여 있다고 해도 과언이 아니다. 그것이 우리나라의 현실이다.

분배의 공정함 또한 중요하다. 누구나 다 아는 사실이지만 분배의 정의(正義)는 평등함이 아니라 공정함이다. 공정함은 능력이나 노동 시간 및 강도 또는 성과에 따른 적정한 보상을 의미한다. 지금 우리 사회는 분배의 공정함이 심각하게 왜곡되어 있다. 대표적으로 비정규직 노동자나 시간 강사 등이 그렇다. 동일한 자격으로 동일한 노동을 한다면 동일한 대우를 받는 것이 당연하다. 그런데 이들은 공정한 대우를 받지 못하고 있다.

만일 기업 경영상 문제로 인하여 동일한 대우를 할 수 없다면 그것은 모든 노동자에게 일률적으로 적용되어야 한다. 그런데 현실은 비정규직 노동자 또는 시간 강사 등에게만 일방적 희생을 강요하고 있다. 어쩌면 이분들은 인류 역사의 치욕적 오점에 해당하는 소작농이나 머슴과 다를 바 없다.

이 자체도 문제지만 이러한 불공정 행위가 우리 사회에 스스럼없이 받아들여지고 점차 사회구조화 되어 가고 있다는 사실이 더 큰 문제다. 많은 이들이 일찌감치 삶의 희망을 포기하고 자포자기의 삶을 살아갈 것이기 때문이다. 지금 우리 사회가 그런 방향으로 흘러가고 있다. 삼포 세대, 심지어 칠포 세대라 하지 않는가.

최저임금 인상에 관해서는 신중한 접근이 필요하다고 생각한다. 지금 우리 사회엔 현행의 최저임금마저 감당하지 못하는 중소기업 또는 자영업자들이 많다. 이런 부분이 충분히 고려되어야 한다. 최저임금의 무분별한 인상으로 기업이 망하고 자영업자가 망한다면 노동자는 최저임금은커녕 일자리조차 얻을 수 없다. 그리고 사회복지 비용도 천문학적으로 늘어날 수밖에 없다. 이런 것이 공정한 분배일 수는 없다. 진실로 공정한 분배는 다수가 함께 잘 사는 것이다. 즉 '상생'인 것이다. 기업이 우선이다. 기업이 있고 노동자도 있다. 기업이 없으면 노동자도 없다. 그리고 국가도 없다.

나는 지금껏 분배의 공정함을 말했지만 그 정확한 기준은 제시하지 않았다. 분배의 객관적 기준은 없기 때문이다. 분배의 기준은 단지 사회적 합의에 의해 결정될 뿐이다. 그리고 그 사회적 합의는 시대 상황 또는 기업 상황에 따라 달라질 수 있다. 어쨌거나 분배에도 절제가 필요하다. 서로 절제하면 분배는 원활히 이루어진다. 하지만 서로 탐심을 부리면 분배는 어려워진다. 분배 문제도 결론은 절제다.

이 공정함을 어떻게 달성할까. 어떤 신비한 이념이나 사상으로 달성할 수 있을까. 만약 그런 것이 존재한다면 그것은 틀림없이 절제일 것이다. 고대 도시국가 로마는 실질과 강건을 중시한 나라였다. 또한 동맹국들에게 공정하기 그지없는 나라이기도 했다. 오죽했으면 동맹국의 왕이 사후 그의 나라를 로마에 맡기기까지 했을까. 그 로마의 지도층을 오래도록 지배한 것이 바로 '절제'를 강조한 스토아 철학이었다. 물론 마르쿠스 아우렐리우스 현제도 스토아 철학자다. 아, 절제란 그런 것이다.

10장
부의 불평등

요즘 우리 사회에서 부의 불평등 논쟁이 그 어느때보다 뜨겁다. 부의 집중 현상이 갈수록 심화되어 가진 자는 더 많이 갖되 중산층은 쪼그라들고 있다. 게다가 계층 상승의 사다리는 하나둘씩 사라져가고 있다. 심히 우려스러운 상황이다.

그렇지만 그 부(富)가 정당하게 획득한 부라면 인정하지 않을 수 없다. 사실 삶에 있어서 돈은 생명과도 같다. 돈이 없으면 삶도 없다. 그래서 사람들은 돈을 찾아 몰려든다. 그런데 사람들에게 돈을 벌 수 있는 기회나 자본의 축적을 제한하면 어떻게 될까. 그러면 사회는 보다 평등해지고 보다 평화로워질지는 모르겠지만 역동성을 상실하여 무기력해지고 나약해질 것이다. 쇠락을 면할 길 없다. 이것이 바로 사회주의다.

사람들은 왜 경쟁하는가. 건강한 생존과 번식을 위해서다. 그런데 이를 위해서는 반드시 돈이 필요하다. 그래서 사람들은 돈을 획득하기 위해 치열하게 경쟁한다. 돈은 곧 경쟁의 원천인 것이다. 그런 차원에서 사회는 돈을 풀고 사회 구성원들에게 더 많은 기회를 제공해야 한다. 돈을 풀되 아주 거대하게 풀어야 한다. 미국 이상으로 큰 판을 벌여야 한다. 그래서 사회를 보다 경쟁적이고 역동적으로 만들어야 한다. 그러면 돈은 그 속에서 눈덩이처럼 불어나고 부의 불평등 문제도 자연스럽게 해결될 것이다.

다만 돈을 획득하는 과정에는 반드시 올바름이 필요하다. 올바른 질서 하에서 사회 구성원들이 정정당당하게 경쟁하고 분배가 최대한 공정하게 이루어져야 한다. 이것이 전제 조건이다. 이것만 충족된다면 부의 불평등 또는 편중 현상은 문제될 게 없다.

어떤 이들은 부의 세습 문제를 지적하기도 한다. 부의 세습이 젊은이들의 사회 진출 또는 성공 기회를 가로막는다는 것이다. 인정한다. 그렇다고 부의 세습을 부정할 수는 없다. 부의 세습은 실로 인류 역사와 함께해 온 것이다. 부의 세습이 부정된 사회는 없었다. 우리 한국의 경제 개발 초기 단계도 그렇다. 다만 그 당시에는 부동산 가격이 낮고 경제가 황폐해진 상태에서 성공할 기회가 많았을 따름이다. 그런데 그때는 부의 세습 문제를 거론하지 않다가 이제 와서 이를 거론하는 것은 일관성이 결여됐다고 하지 않을 수 없다.

부의 세습은 본능의 산물이다. 이는 자녀의 건강한 삶을 원하는 부모의 간절한 비원의 산물인 것이다. 이를 어떻게 부정할 수 있단 말인가. 나는 부를 세습시킬 생각이 전혀 없다. 하지만 이를 타인에게까지 강요할 수는 없는 일이다. 또한 부의 세습이 부정되면 우리의 부모들은 더 열심히 일하려 하지 않을 것이고 자본 축적도 어렵게 될 것이다. 그러면 사회 발전도 어려워진다. 연구 결과에 의하면 기업 수명은 잘해야 겨우 몇십 년에 지나지 않는다고 한다. 크게 우려할 일은 아닌 것이다.

부의 불평등 문제는 기본적으로 올바름으로 해결해야 한다. 편법적 수단을 통한 해결은 사회를 더 혼란스럽고 무기력하게 한다. 사회 공멸을 초래할 수도 있다. '빈대 잡으려다 초가삼간 태우는 꼴'이 날 수도 있는 것이다.

기업 창업은 대단히 중요한 부분이다. 지난 1년 동안 미국 실리콘밸리에서 탄생한 신흥 억만장자가 무려 23명에 달한다. 현재 미국은 구글, 애플, 페이스북, 테슬라, 아마존 등 벤처기업이 이끌어가고 있다고 해도 과언이 아니다. 그런데 우리나라는 어떠한가. 다음과 네이버 이후 제대로 된 벤처기업이 나온 적 있는가. 핀테크는 중국에도 뒤져 있다. 정부는 말로는 창업을 외치지만 벤처기업은 날로 쪼그라들고 있다. 기존 대기업 위주 정책을 고수하고 있기 때문이다.

우리는 벤처로 나아가야 한다. 그리고 벤처기업이 우리 경제를 주도해나갈 수 있도록 해야 한다. 그런 차원에서 벤처 창업이 최대한 간편하고 신속하게 이루어질 수 있도록 해야 한다. 또한 혁신을 가로막는 각종 규제를 과감히 철폐하고 기득권자에 의한 진입 장벽을 없애야 한다. 기업 퇴출 또한 창업 이상으로 최대한 간편하고 신속하게 이루어질 수 있도록 해야 한다. 경제는 올바른 질서 하에서 창업과 퇴출이 원활히 이루어질 때 보다 역동적이고 최상의 경쟁력을 확보할 수 있다. 우리는 이처럼 올바른 질서를 통해서 보다 근본적으로 부의 불평등 문제를 시정하고 동시에 국가 경쟁력을 향상시켜 나가야 한다.

조세를 통한 부의 재분배는 실로 허접한 것이다. 이는 개인의 정당한 노력의 대가를 국가가 착취하는 것이다. 또한 왜곡된 사회경제 질서를 방치한 채 조세라는 편의적 방법만을 동원한다면 이는 비정규직 노동자처럼 당초 왜곡된 분배로 고통받는 사람들에게 희망도 주지 못할 뿐더러 되레 엉뚱한 사람들에게 복지 혜택을 줌으로써 또다른 불평등 문제를 야기할 수도 있다. 마지막으로 이는 사회 역동성을 앗아 사회를 무기력하게 만든다. 중요한 것은 올바른 사회경제 질서다. 그것을 통하여 보다 근본적 변혁을 이루어야만 한다.

물론 기업이나 개인 입장에서 능력 또는 노력에 비해 과도한 소득이 발생할 수 있다. 삼성전자 등기이사의 경우 평균 연봉이 83억 원에 육박한다. 결코 정상적 연봉이라고 볼 수 없다. 이러한 초고소득은 국가 또는 국민의 도움 없이는 불가능하다. 중과세는 당연하다 할 것이다.

　하지만 일반적인 고소득에 대한 중과세는 바람직하지 않다. 국가가 그리고 우리 모두가 고소득층을 목표로 하는데 그 고소득을 부정적으로 바라보고 중과세한다는 것은 이율배반이다. 또한 조세 수입은 일차적으로 과학기술 인재 양성, 연구개발 투자 확대, 중소기업 육성 등 경제 활성화와 국가 경쟁력 향상에 사용되어야 한다. 그래서 더 많은 사람들에게 성공할 기회를 제공하고 더 많은 사람들에게 일자리를 제공할 수 있어야 한다. 그것이 부의 불평등 문제를 해결하는 진정으로 올바른 길이다.

　마지막으로, 부의 불평등 문제를 해결하기 위해서는 사회 구성원들이 절제할 필요가 있다. 나는 진정 절제를 강조하지 않을 수 없다. 우리 서로가 절제하면 공정한 분배는 절로 이루어진다. 절제 하나면 능히 이 세상 대부분의 문제들을 해결할 수 있다. 그러하거늘 내 어찌 절제를 강조하지 않을 수 있으리오.

　삶은 장기적으로 정신적으로 그리고 육체적으로 건강한 삶을 영위하는 과정이다. 삶은 그것으로 족하다. 그 이상은 사족일 뿐이다. 절제해야 한다. 부의 불평등, 너무 어렵게 생각할 필요 없다. 올바름과 절제면 능히 해결할 수 있는 문제다. 우리는 할 수 있다. 선진국들은 못해도 우리는 할 수 있다. 우리 한국은 아직 젊기 때문이다.

11장

사회 복지 논쟁

　국가의 목적은 국민 다수가 장기적으로 정신적으로 그리고 육체적으로 건강한 삶을 영위하는 것이다. 국민 다수가 건강한 삶을 영위한다면 그 국가는 진정 성공한 국가다. 그런데도 사람들은 이에 만족을 못 하고 국민 모두를 지향한다. 국민 모두가 행복하길 바라는 것이다. 이것이 과연 올바른 생각일까.
　인류 역사를 생각해보자. 인류 역사에서 과연 국민 다수가 장기적으로 건강한 삶을 영위한 국가가 있었던가. 없었다. 그리고 앞으로도 영원히 없을 것이다. 아마 그런 국가가 있었다면 망하지도 않았을 것이다. 국민 다수가 장기적으로 건강한 삶을 영위할진대 어찌 망할 리 있겠는가. 국민 다수가 장기적으로 건강한 삶을 영위한다는 것은 실로 기적에 가까운 일이다. 불가능한 일이라 해도 과언이 아니다. 그런데 국민 모두라니. 이는 과욕을 넘어 실로 어처구니없는 소리요 무지의 소치라 하지 않을 수 없다. 오늘 우리 다수 국민들을 보라. 그들이 얼마나 힘겨워하고 있는가!

사람들은 사회복지를 말할 때 주로 소외 계층을 말하는 경향이 있다. 과거 언론에서 송파 세 모녀 사건을 보도했을 때 한동안 우리 사회는 비통에 젖었다. 나도 그랬었다. 그 후 국회에서는 재빨리 송파 세 모녀법을 발의했다.

그런데 이것이 과연 올바른 것일까. 진정 국가가 개인의 삶을 보호하는 것이 맞는 것일까. 나는 가끔 주변에서 멀쩡한 젊은 사람이 국가로부터 매달 몇십만 원씩 생활 지원금을 받는 경우를 본다. 얼마든지 스스로의 힘으로 생활할 수 있는데도 일을 하지 않는다. 지원금이 바닥나면 그때서야 막일을 나간다. 이것이 과연 바람직한 제도일까. 국가가 개인의 삶을 보호하면 그 누가 더럽고 힘든 일을 하려 들겠는가. 그 누가 폐지를 줍고 빈병을 주우며 청소하려 하겠는가. 또 그 누가 경쟁과 투쟁으로 얼룩진 이 세상의 삶을 치열하게 살아가려 하겠는가. 그리고 개인들이 치열하게 삶을 살아나가지 않을진대 어찌 국가가 생존할 수 있겠는가.

사회복지는 적을수록 좋다. 그것이 내 지론이다. 개인의 복지는 기본적으로 개인에게 맡겨야 한다. 설령 나 자신이 비참하게 굶어 죽는 한이 있더라도 나는 결코 이를 포기할 수 없다. 국가가 할 일은 개인의 복지를 책임지는 것이 아니다. 개인이 스스로 삶을 영위할 수 있도록 여건을 마련해 주는 것이다. 비전을 제시하고 전략을 세우고 올바름을 행하여 국가를 보다 역동적이고 건강하게 하고 국가 경쟁력을 높이는 것이다.

우리는 소외 계층을 말하고 노인 문제 등을 거론하지만 정작 중요한 것은 국민 다수다. '국민 다수'란 말이다. 지금 우리나라 국민 다수는 지극히 어려운 상태에 놓여 있다. 특히 우리나라 경제 사정이 좋지 못하다. 사실상 위기 상황이다. 2015년 8월 현재 수출은 8개월째 내리막길을 걷고 있다. 수출과 수입이 동시에 감소하는 불황형 흑자만 이어지고 있다. 우리나라 경제는 중국의 거센 추격과 일본 엔화의 약세로 굉장히 어려운 상황에 있다. 돌파구가 보이지 않는 상황이다. 특히 중소기업의 형편은 더 말할 나위도 없다. 실로 생사의 기로에서 허덕이고 있다. 이런 비상 상황에 중소기업 대책은 전무한 채 사회복지 따위나 나불대는 것이 타당한 일인가.

오늘날 우리나라 중소기업들은 지나친 고임금으로 인해 경쟁력을 잃어 가고 있다. 거기에 더해 종업원 4대 사회보험료의 회사 부담액이 만만치 않다. 사실 4대 사회보험료 부담이 너무 커서 이를 감당하지 못해 자진 폐업하는 업체들이 속출하는 상황이다. 예컨대, 연매출 100억 원에 종업원 20명 규모인 중소기업의 경우 한 달 직원 4대 사회보험료 회사 부담액이 3,000만 원 정도 된다. 매달 이처럼 엄청난 사회보험료를 부담하면서 살아남을 수 있는 중소기업이 얼마나 되겠는가. 더 많은 달걀을 얻자고 닭 잡는 꼴이다.

우리나라 2011년 중소기업 종사자 수는 대략 1,262만 명 정도다. 대기업 종사자 수보다 6배 이상 많다. 중소기업들이 도산하면 국가적 대재앙을 맞을 수밖에 없다. 그런데 우리가 중소기업을 위해 한 것이 뭐가 있는가. 4대 사회보험료 과다 징수 따위가 중소기업을 위한 것인가. 기업 망하게 하고 노동자들 죄다 실업자 만들어 놓고 그들에게 실업 수당 몇 푼 지급하는 것이 사회복지인가!

말하거니와 사회복지를 위해서는 반드시 중소기업을 살려야 한다. 중소기업 없는 사회복지는 없다. 중소기업을 살리는 것이 사회복지다. 기업이 살고 노동자가 일자리를 얻는 것이 진정한 의미의 사회복지인 것이다. 이를 위해서는 무엇보다 먼저 중소기업의 숨통을 죄는 회사 부담 사회보험료를 없애야 한다. 달걀을 위해서는 닭을 잡을 것이 아니라 오히려 닭을 더 잘 키워야 한다. 닭만 잘 키우면 달걀은 저절로 얻어진다. 사회복지는 그렇게 하는 것이다.

그렇다고 내가 영리병원 도입 등 오히려 국민 다수를 위기에 빠뜨리는 민영화 정책들을 지지하는 것은 아니다. 국민 다수가 장기적으로 건강한 삶을 영위하는 데 꼭 필요한 아름다운 규제는 지속되어야 한다. 중요한 것은 언제나 국민 다수다.

문제는 경제다. 경제가 최선의 복지다. 우리가 말하는 사회복지 따위는 실로 말단에 불과하다. 경제가 무너지면 사회복지도 무너지고 경제가 활성화되면 사회복지도 절로 달성된다. 그래서 국가는 사회복지에 자금을 집행할 것이 아니라 과학기술 인재 양성, 연구개발 투자 확대, 중소기업 육성 등에 보다 적극적으로 자금을 쏟아부어야 한다. 그리하여 국가경쟁력을 높이고 더 많은 일자리를 창출해야 한다. 그것이 진정 국민 다수가 장기적으로 건강한 삶을 영위하는 국가의 목적을 달성하는 첩경이다.

안락사를 허용해야 한다. 편안한 죽음도 복지일 수 있다. 불필요한 생명 연장은 당사자에게도 큰 고통이지만 가족들에게는 거의 재앙이나 다름없다. 환자 못지않게 그 가족의 건강도 소중하다. 또한 사회복지 비용도 무시할 수 없다. 국가 재정은 유한하다. 그리스를 비롯한 유럽 국가들은 사회복지 비용의 과대 지출과 그로 인한 재정 적자로 심각한 경제 위기를 겪고 있다.

안락사를 허용하지 못할 이유가 없다. 스스로 대소변을 가리지 못하고 미래에도 그럴 가능성이 없다면 안락사를 허용해야 한다. 초봄 나뭇가지에 앙상하게 달라붙어 있는 지난해의 말라빠진 나뭇잎을 단지 나무에 붙어 있다고 하여 그것을 생명이라 부를 수는 없다. 안락사를 허용해야 한다. 의미 없는 한 사람보다 다른 많은 사람들을 생각해야 한다. 그것이 진정한 복지다.

사회복지는 '국민 다수'의 관점에서 생각해야 한다. 국민 다수가 장기적으로 건강한 삶을 영위한다면 그 국가는 사회복지 여하에 불구하고 훌륭한 복지국가다. 하지만 거창한 사회복지에도 불구하고 국민 다수가 장기적으로 건강한 삶을 영위하지 못한다면 그 국가는 실패한 국가다. 중요한 것은 국민 다수요 경제다. 경제야말로 최선의 복지다. 그리고 경제를 위해서는 국가는 반드시 '보호하지 않음과 경쟁'이라는 삶의 본원적 질서를 견지하여야만 한다.

12장

현대판 신분 세습 문제

신라시대는 골품제라는 신분 사회였다. 우리나라 역사상 유일하게 신분이 세습되는 사회였던 것이다. 통일신라시대의 대유학자 최치원은 6두품 출신이었다. 그 능력과 학식은 뛰어났지만 핏줄의 한계와 진골 귀족들의 견제로 고위 관직에 진출할 수 없었다. 고국에서 뜻을 펼치지 못한 그는 한을 품고 중국으로 떠나고 말았다. 그 당시 신라엔 최치원 말고도 능력과 학식이 뛰어난 젊은 인재들이 많이 있었다. 하지만 그들도 6두품의 신분적 한계에 부딪혀 그 뜻을 펼치지 못하고 절망해야만 했다. 나중에 그들은 조국 신라를 버리고 고려에 합류하여 고려 건국에 크게 이바지하게 된다.

현재 이탈리아도 신분 세습이 일상화되어 있다고 한다. 예컨대, 아무리 능력이 뛰어나더라도 대학에 친인척 교수가 없는 한 결코 대학 교수가 될 수 없다고 한다. 대학 교수뿐만 아니라 기업인이나 전문직 종사자들, 심지어 택시 기사까지도 자녀에게 직업을 물려주는 것이 일상화되어 있다고 한다. 그래서 능력은 있지만 인맥이나 연줄이 없는 젊은이들이 조국을 버리고 해외로 해외로 탈출하고 있다고 한다. 이러한 신분 세습은 이탈리아 경제에 치명적 악영향을 주어 이탈리아 경제는 2000년 이후 14년 동안이나 연평균 경제 성장률이 0퍼센트를 기록하고 있다고 한다. 신라의 멸망과 닮은 꼴이다.

오늘날 우리나라에서 일자리 경쟁은 치열하기만 하다. 좋은 일자리는 한정되어 있는데 지원자는 너무 많다. 경쟁이 너무 치열하다 보니 각종 편법과 부정이 판친다. 일부 대기업에서는 노조의 자녀가 특별 채용되고 있다고 한다. 공기업에서도 임직원 자녀 특별 채용이 은밀히 이루어지고 있다는 소문이 들린다. 대형 로펌의 경우 부모의 사회적 신분이 입사 여부를 결정하는 중요 변수가 되고 있으며 대학 교수 채용에서도 공정성이 훼손되고 있다. 판검사 임용도 대단히 불투명한 상황이다.

요즘 면접시험이 대세가 되고 있다. 그 효용성을 부정하지 않는다. 다만 문제는 공정성이다. 현재 계약직이든 정규직이든 국가 고위공무원 채용 시 면접이 필수적으로 행해지고 있는 것으로 안다. 어떤 경우는 아예 면접만으로 채용이 이루어지기도 한다. 그런데 그 면접시험의 공정성이 심각하게 의심받고 있다. 면접시험의 객관적 평가도 문제지만 면접시험 점수 자체가 공개되지 않고 있다. 지금의 면접시험은 사실상 기득권층의 신분 세습의 통로로 활용되고 있다. 이것이 진실이다. 과거 우리 사회에서 젊은이들에게 마치 하늘의 별과 같은 커다란 꿈과 희망을 주고 계층 상승 사다리 역할을 했던 고시 제도는 거의 자취를 감춘 상태다.

요즘 정치인 부모의 후광을 업은 2세 정치인들이 심심찮게 정치 전면에 등장하고 있다. 이들 2세 정치인들은 그 능력이 객관적으로 검증되지 않은 채 거의 전적으로 부모의 후광에 힘입어 선거에서 당선된다. 사실상 기득권의 세습이다. 이들의 공통된 특징은 무능하고 부정부패하다는 것이다. 본래 신분 세습자들의 특성이 그렇다. 그들의 화려한 경력 따위는 전혀 무의미하다. 누구나 돈 있고 빽 있으면 쉽게 치장할 수 있는 액세서리들에 불과하다.

이러한 신분 세습에서 가장 문제가 되는 것은 역시 국가 지도층이다. 무능하고 부정부패한 국가 지도층이 할 수 있는 것은 각종 야합이나 기득권에의 안주뿐이다. 그들에게 국가가 망하는 것은 용서할 수 있어도 그들의 기득권이 침탈되는 것은 결코 용서할 수 없다. 본래 그런 자들이다. 국가의 존망은 국가 지도층에 달려 있다고 해도 과언이 아니다. 그런데 지금 한국의 국가 지도층이 위태롭다.

역사소설 『삼국지』가 있다. 삼국을 통일한 사람이 진무제 사마염이다. 그 뒤를 이어 그의 아들 사마충이 황제가 됐다. 그 당시 진나라는 내분과 혼란에 휩싸이고 탐관오리들의 부정부패가 극심하여 굶어죽는 백성들이 들판에 널렸었다. 이때 어떤 신하가 사마충에게 백성들이 굶어죽고 있다고 하자 사마충은 "밥이 없으면 죽을 먹으면 되지 왜 굶어죽는단 말인가?"라고 말했다고 한다. 요즘 국가 지도층이나 대기업 2, 3세들이 사마충과 똑같다. 현실 감각이 없고 무능하고 부패하다. 진실로 위기다.

진나라 시황제는 춘추전국시대를 통일한 영걸이다. 봉건제를 폐지하고 전국을 36군으로 나누어 직접 통치했다. 북방 흉노족의 침입을 막고자 만리장성을 쌓고 국방을 튼튼히 했다. 그럼에도 그 왕조는 그의 아들 이세 황제 제위 4년 만에 멸망하고 말았다. 세습의 한계다.

고대 로마는 한니발의 본토 침공으로 한때 큰 위기를 겪었다. 오늘날 대통령에 해당하는 집정관들만도 10여 명이나 전사하는 대참사를 겪었다. 하지만 로마는 다행히 평민에게도 집정관직을 허용하여 평민 출신 집정관들이 전쟁에서 대활약을 함으로써 가까스로 위기에서 벗어날 수 있었다. 이것이 로마의 위대한 점이다. 로마는 기본적으로 개방적이고 포용적인 사회였다. 그리하여 위대한 인물들이 끊임없이 충원되었다. 이런 국가가 어찌 세계를 제패하지 아니할 수 있으리오!

로마 제국에 오현제 시대가 있었다. 그야말로 현능한 황제가 연이어 다섯이 등장한 시대로 로마 제국의 황금기였다. 역사학자들은 로마 제국에 오현제가 등장할 수 있었던 것은 황위가 세습되지 않았기 때문이라고 말한다. 동의한다. 만약 황위가 세습됐더라면 아마도 오현제 시대도 로마의 황금기도 존재하지 못했을 것이다.

그런데 지금 우리 사회는 거꾸로 가고 있다. 결코 가서는 아니 될 신분 세습의 사회로 나아가고 있는 것이다. 과거 우리 사회의 역동성의 원천이었던 계층 상승의 사다리는 하나둘씩 사라져가고 있다. 그리고 그 빈자리를 기득권층의 자녀들이 은밀하고도 폭넓게 차지해나가고 있다. 이제 우리 사회는 아무리 능력이 출중해도 인맥이나 연줄이 없는 한 국가 지도층이 될 수 없는 신라의 골품제 같은 신분 사회가 돼 가고 있다. 우리나라가 일제 치하에서 해방된 지 이제 겨우 70년인데 벌써 망조가 들고 있는 것이다.

신분 세습 사회는 죽음의 사회요 공멸의 사회다. 신분 세습 사회에서 능력이 뛰어난 젊은이들은 오갈 곳이 없다. 조국을 떠나거나 밑바닥 생활을 전전해야 한다. 그러면 국가는 쇠락의 길로 접어들 수밖에 없다. 또한 많은 유능한 젊은이들이 아예 미래를 포기하고 자기계발에 힘쓰지 않게 될 것이다. 그러면 사회는 무기력과 나약함에 빠지고 질적 저하를 겪지 않을 수 없게 된다. 결국 공멸로 나아갈 수밖에 없는 것이다.

나는 '보호하지 않음과 자유 경쟁'이라는 삶의 본원적 질서를 말한 바 있다. '보호하지 않음과 자유 경쟁' 속에서 국가는 역동적이고 강건해지며 경쟁력도 향상된다. 그런데 신분 세습은 뭔가. '보호'요 '비경쟁'이다. 삶의 본원적 질서를 전면적으로 부정하는 행위인 것이다. 우리 사회가 그렇다. 무늬만 자유시장경제일 뿐 실질은 왜곡된 사회요 부정부패한 사회다.

국가의 목적은 국민 다수가 장기적으로 정신적으로 그리고 육체적으로 건강한 삶을 영위하는 것이다. 신분 세습은 오직 소수 기득권층만을 위한 제도이다. 결국엔 신라 경순왕처럼 공멸할 테지만 말이다. 결코 용납할 수 없다.

나는 여기서 한 가지를 더 언급해야겠다. 현대판 신분 사회를 이 땅에 도입하고 조장한 세력은 누가인가. 바로 우리 사회 저 밑바닥에서 계층 상승의 사다리를 타고 기득권층 안착에 성공한 사람들이다. 그 옛날 사회 밑바닥을 헤매던, 그리고 한때 사회 정의까지 외치던 사람들인 것이다. 현대판 신분 세습 사회의 원흉은 바로 과거의 우리들인 것이다.

그런데 신분 세습은 왜 일어나는가. 이는 국가 지도층이 능력만 있고 도덕성이 결여됐기 때문이다. 물론 그 능력이란 것도 지식밖에 없는 보잘것없는 능력이지만 말이다. 능력은 칼과 같다. 세상을 위해 휘두를 수도 있지만 세상을 베어 버릴 수도 있다. 도덕성이 결여된 칼은 실로 위험 그 자체다. 지금 현대판 신분 제도를 비판하는 우리가 다행히 극적으로 성공하여 기득권층에 안착한다 해도 우리는 똑같이 타인을 향해 거침없이 칼을 휘두를 것이다.

그렇다면 우리가 도덕성을 회복하고 올바름을 행하여 신분 세습에서 해방될 길은 없는 것일까. 물론 있다. 우리가 번식 본능인 자녀 양육과 책임에서 좀더 자유로워진다면 얼마든지 가능하다. 번식 본능의 본질은 자녀의 인생을 책임지는 행위가 아니다. 자녀를 건강한 성인으로 양육하는 행위다. 신분 세습은 우리가 자녀의 인생마저 책임지려는 무모한 욕망에서 비롯된 것이다. 우리가 이런 무모한 욕망만 절제한다면 현대판 신분 세습 문제는 간단히 해결될 수 있다.

나는 또다시 절제를 말하지 않을 수 없다. 삶은 정신적으로 그리고 육체적으로 건강한 삶을 영위하는 과정이다. 그거면 족하다. 그런데 사람들은 너무 많은 것을 원하고 너무 많은 것을 걱정한다. 자녀의 인생은 자녀에게 맡겨야 한다. 신분 세습의 끝은 공멸일 뿐이다. 절제해야 한다. 우리가 절제한다면 이 세상은 반드시 올바름이 지배하게 될 것이며 그 올바름 속에서 국민 다수는 장기적으로 건강한 삶을 영위하게 될 것이다.

13장

남녀의 조화

얼마 전 엔씨소프트 김택진 대표의 부인 윤송이 씨가 엔씨소프트 글로벌최고전략책임자(Global CSO) 겸 NC West CEO(북미·유럽 법인 대표)로 승진했다. 윤송이 씨는 우리에게 천재 공학도로 더 잘 알려져 있다. 그분은 서울과학고를 2년 만에 졸업했고 한국과학기술원을 수석으로 졸업했다. 그 후 미국으로 유학하여 MIT 공대를 졸업하고 SK텔레콤에 최연소 임원으로 임용됐다. 그러나 입사 3년 만에 돌연 사표를 내고 엔씨소프트 김택진 대표와 결혼했다.

그런데 그분은 왜 대기업 임원직을 포기하고 결혼을 택했을까? 짐작컨대 그분의 뛰어난 능력에도 불구하고 회사 생활이 쉽지만은 않았을 것이다. 항상 치열하게 경쟁하면서 탁월한 성과를 내야 하기 때문이다. 여성이 이런 삶을 견딘다는 것은 대단히 어려운 일이다. 물론 일시적으로 버틸 수도 있을 것이다. 하지만 남성들처럼 경쟁을 즐기면서 장기적으로 버티기는 힘들다. 결혼 또한 여성에게는 일생일대의 중대한 일이기도 하다.

또 얼마 전 신문을 보니 모두가 선망하는 구글코리아에 다니다 2년 6개월 만에 퇴사한 안주원 씨의 이야기가 실려 있었다. 안주원 씨 또한 재원으로 고교 때 미국에 유학했고 코넬 대학교에서 산업디자인을 전공했다. 그리고 모두가 부러워하는 구글코리아에 입사했다. 구글코리아는 복지와 사회적 대우가 대단하단다. 하지만 그분의 직장 생활은 그리 행복하지 않았다. 무료했고 열등감에 시달렸다. 그래서 평소 좋아하던 요리를 배우기로 결심하고 20대 중반의 나이에 과감히 직장을 그만두었다.

이분도 외견상으론 윤송이 씨처럼 강인하고 자신감 넘치는 인텔리 여성이었을지도 모른다. 하지만 내면은 외면과 달리 여성성으로 가득차 있었던 것이다. 사실 위 두 여성은 남성적 두뇌를 가진 예외적 분들이다. 그럼에도 남성들과의 치열한 경쟁을 버텨내지 못하고 여성 본연의 길로 갔다.

요즘 미국에서는 위와 같은 일이 흔히 있는 것으로 알고 있다. 인텔리 여성이 어느 날 갑자기 잘 다니던 직장을 그만두고 결혼을 하거나, 아니면 뜨개질이나 공예 또는 유기농 식단 등을 연구하고 블로그를 꾸미면서 세상과 소통하는 것이다. 요즘 미국의 젊은 여성들은 과거처럼 일방적으로 페미니즘을 좇기보다는 당당하게 여성성을 인정하고 이를 추구하면서 여성으로서의 행복을 찾는다. 당연한 귀결이다.

'유리 천장'이라는 말이 있다. 여성이 능력이 충분한데도 사회적 성차별을 당하여 직장에서 고위직에 오르지 못하는 경우를 이르는 말이다. 과연 이것이 맞는 말일까. 만일 여성의 능력이 남성과 동등하다면 인간의 역사는 남녀 공동의 역사이어야 할 것이다. 그런데 인간의 역사는 남성 일변도의 역사였다. 여성은 역사의 주체가 되지 못하고 항상 보조자에 머물렀다.

나는 대략 300여 분의 중소제조업 사장님들을 직접적으로 알고 있다. 그분들은 모두 남성이다. 여성은 단 한 사람도 없다. 다만, 그분들 중 일부는 부인의 명의를 빌려 사업을 한다. 하지만 실질적 경영자는 어디까지나 남성이다. 사모님들은 옆에서 열심히 내조한다. 정말 부부가 죽을힘을 다해 열심히 산다. 제조업은 육체노동이라고 말할 텐가. 말도 안 되는 소리지만 그렇다고 하자.

한국기원에서는 매달 프로기사 랭킹을 발표한다. 여성 프로기사로서 2015년 7월 현재 랭킹 100위 안에 드는 기사는 단 한 명뿐이다. 최정 5단으로 82위다. 이는 매우 이례적인 일이다. 과거에는 랭킹 100위 안에 드는 여성 프로기사가 전무했었다. 프로기사는 정신노동을 하는 사람들이다. 그런데 왜 실력이 뛰어난 여성이 없는가. 이것도 '유리 천장' 때문인가.

남녀의 생물학적 차이는 얼마나 될까. 먼저 인간과 침팬지의 유전적 차이는 1.5퍼센트다. 그리고 남녀의 유전적 차이는 1퍼센트다. 이는 거의 하늘과 땅 차이라고 할 만큼 큰 차이다. 그만큼 남녀의 유전적 거리는 멀고 생물학적 차이는 크다.

남성은 여성에 비해 더 도전적이고 경쟁적일 뿐만 아니라 더 서열주의적이다. 인간은 집단을 이루어 산다. 집단생활을 하는 모든 포유류는 일부다체제다. 이는 집단이 수컷의 양육 의무를 보다 자유롭게 하여 수컷들로 하여금 더 많은 암컷을 거느릴 수 있도록 하기 때문으로 추정된다. 그래서 인간도 일부다처제 사회에 가깝다. 이는 수컷에게 기회인 동시에 위기이기도 한다. 능력이 뛰어나고 지위가 높으면 많은 암컷을 거느릴 수 있는 반면, 능력도 부족하고 지위도 낮으면 하나의 암컷도 거느리지 못할 수 있기 때문이다. 이런 연유로 집단생활을 하는 수컷들은 더 도전적이고 경쟁적이면서 서열주의적이 될 수밖에 없다. 반면 암컷들은 평화적이고 수평적이다. 이런 점은 어린이들만 봐도 금방 알 수 있다. 남자애들은 대장과 졸개를 정하고 격렬한 총싸움 놀이를 즐긴다. 그러나 여자애들은 서로 어울려 아기자기한 놀이를 즐긴다.

인간 사회는 기본적으로 남성이 더 높은 사회적 지위를 차지하기 위해 끊임없이 도전하고 경쟁하는 사회다. 여성은 보조자에 불과하다. 이것은 인간 사회의 본질이다. 인간 사회는 자연의 세계와 다를 바 없다. 약육강식의 사회다. 다만 올바름이란 질서가 있을 뿐이다. 그래서 웬만한 남성조차 견디기 힘들다. 이 사회에 온갖 부정과 편법, 때론 폭력까지 난무하는 것도 이 때문이다. 그런 이 세상에 여성이 홀로 생존한다는 것이 얼마나 힘든 일이겠는가. 내가 아는 중소제조업 사장님들이 한결같이 모두 남성이고 프로기사 순위 상단을 차지하는 기사들이 모두 남성인 것은 다 그만 한 이유가 있는 것이다.

　남성이 사회 고위직을 두루 꿰차고 있는 것 또한 당연한 결과다. 결코 차별에 의한 것이 아니다. 사회 고위직은 피라미드의 정점에 해당하는 자리다. 모든 남성들이 절실히 원하는 자리다. 그러하니 도전과 경쟁이 치열할 수밖에 없다. 이런 자리는 남성에게 알맞은 자리다. 여성은 굳이 이런 자리를 원하지 않는다.

　만일 여성이 사회 고위직을 원한다면 도전해서 쟁취하면 될 일이다. 그런데 왜 쟁취하지 못하는가. 그것은 오직 무능하기 때문이다. 능력이 꼭 지식만을 의미하는 것은 아니다. 능력은 절제와 지혜와 결단력 모두를 포괄한다. 지식은 지혜의 일부에 지나지 않는다. 여성은 과연 이 모든 능력을 갖추었는가. 그렇다면 사회 고위직을 스스로 쟁취해 보라. 왜 '유리 천장' 탓을 한단 말인가. 남성도 태초부터 사회 고위직을 꿰찼던 것은 아니지 않은가. 여성은 여성 스스로의 능력을 성찰해 볼 필요가 있다.

　여성이 진정으로 원하는 것은 사회 고위직이 아닌 생존과 번식에 필요한 보수일 뿐이다. 일부 페미니스트들이 주장하는 유리 천장 따위는 실로 무지의 소치요 궤변일 뿐이다. 그런데도 우리 사회는 바람 앞의 갈대처럼 이런 궤변들에 맥없이 휘둘리고 있다. 오히려 남성들이 페미니스트들의 궤변 아래 온갖 역차별을 당하는 실정이다.

우리나라 공부 잘한다는 여학생들 거의 대부분이 교사 아니면 공무원을 원한다. 교대 진학하기 위해 외고를 간다. 초등학교 교사가 되기 위해 그렇게 열심히 공부하는 것이다. 현실이 그렇다. 남성도 물론 교사나 공무원을 원하지 않는 것은 아니다. 하지만 여성만큼은 아니다. 직업은 안정적이지만 너무 발전성이 없기 때문이다. 교직은 직업 중에서 가장 수평적인 사회다. 수평적인 사회이다 보니 경쟁이 거의 없다. 또한 직업도 안정적인 데다 보수까지 괜찮다. 여성이 가장 선망할 수밖에 없는 직업인 것이다.

사람들은 가끔 필기시험 하나로 인간의 모든 능력을 평가할 수 있는 것처럼 생각하는 경향이 있다. 현대 사회는 특히 필기시험이 일반화되어 있다. 필기시험이 좋은 점도 있다. 공정한 평가가 가능하다는 것이다. 이런 점은 환영할 만하다. 하지만 필기시험이 인간의 모든 능력을 평가할 수 있다고 생각하는 것은 큰 착각이다. 필기시험은 단지 지식 수준만 평가할 수 있을 따름이다. 그 외의 행동력, 통솔력, 과단성 등의 남성적 특성이나 여성적 특성은 전혀 평가할 수 없다. 이런 특성들은 사회를 안정적으로 유지하고 조화롭게 하는 데 꼭 필요한 중요한 특성들이다. 그런데도 우리 사회는 이를 무시하고 획일적으로 필기시험에만 의존하여 인재를 채용하고 있는 것이다.

　요즘 여성들이 각종 교사 및 공무원 시험 등에서 남성에 우위를 보이고 있다. 여러 가지 이유가 있을 수 있다. 특히 실력이 뛰어난 여성들 대부분이 이쪽으로 몰리다 보니 그런 현상이 나타날 수 있다. 하지만 이를 두고 단순히 여성이 남성보다 능력이 뛰어나다고 생각하는 것은 큰 실수다. 필기시험은 단지 지식 수준 하나만을 평가하는 작업에 불과하다. 하지만 인간의 능력은 다양한 것이고, 특히 남녀는 완전히 다른 존재다. 따라서 사회 안정과 조화를 추구하고 성별 적정 평가를 위해서는 남녀 분리 모집을 실시할 필요가 있다.

　현실 사회에서는 대체로 남녀의 생물학적 차이를 고려한 채용이 이루어지고 있다. 남녀의 조화가 잘 이루어지고 있는 것이다. 예컨대 마트에서 남성은 물건을 운반하고 배달하는 일을 하고 여성은 계산대에서 일한다. 그 반대의 경우는 없다. 또한 여러 사람들을 거느리고 일을 시키는 사람은 대부분 남성이다. 여성은 거의 없다. 이처럼 남녀는 분명히 다른 존재임에도 유독 국가는 남녀를 구분 채용하지 않는다.

　요즘 학교에는 여교사가 압도적으로 많다. 남교사는 그 희소성으로 말미암아 무조건 여교사와 결혼하는 행운을 누린다. 문제는 학교 질서다. 질서가 없다. 학습 분위기도 생활 지도도 엉망이다. 교사들은 거의 방관하는 상태다. 또한 교사에 대한 학생 폭력이 나날이 증가하고 있다. 이는 여교사의 통솔력 부족에서 기인한다. 나는 학부모로서 항상 남성 담임교사를 원했다. 나뿐만이 아니라 주변 학부모들 대부분이 남성 담임교사를 원한다. 남교사는 여교사에 비해 통솔력 있고 이성적이기 때문이다. 그런데 현실은 거의 여교사밖에 없다. 또한 요즘 남학생들이 많이 여성화되어 가고 있다. 이는 우리 사회에 거의 재앙이나 다름없다. 남성은 보다 남성답지 않으면 안 되기 때문이다. 이 또한 여교사로 인해 발생하는 문제다.

이런 문제들은 교사를 남녀의 생물학적 차이를 도외시한 채 단순히 필기시험만으로 선발해서 발생하는 문제들이다. 지식은 업무를 수행할 수 있을 정도면 충분하다. 그 이상의 지식은 사족에 불과하다. 공무원 등 모든 채용시험에서 남녀는 분리 모집되어야 한다. 그래야만 조직의 효율성과 경쟁력이 더 높아진다. 또한 사회를 보다 안정되게 하고 조화롭게 한다. 말하거니와 남녀는 평등하지만 결코 동일한 존재는 아니다.

여성은 더 강해져야 하는가. 더 도전적이고 더 경쟁적이어야 하는가. 나는 앞에서 두 명의 인텔리 여성을 언급한 바 있다. 이는 가능하지도 않고 바람직하지도 않다. 고통만 더해질 뿐이다. 여성은 결코 열등한 존재가 아니다. 남성과 달리 평화와 협력을 더 사랑할 뿐이다. 우리 모두 익히 다 아는 사실이지만 여성은 여성으로서의 경쟁력이 충분하다. 아니 여성이 여성다울 때 오히려 여성의 가치는 더 상승한다.

인간 남녀는 생존과 번식이라는 공동의 목표를 위해 서로 조화를 이루며 살도록 최적으로 설계된 존재다. 남성은 보다 남성답고 여성은 보다 여성다워야 한다. 그것이 최선의 길이다. 남성이 여성적인 일을, 그리고 여성이 남성적인 일을 할 수도 있을 것이다. 하지만 이는 일부가 일시적으로나 가능한 일일 뿐이다. 결코 다수가 장기적으로는 불가능하다. 남녀 모두에게 어울리지 않을뿐더러 남녀 모두를 행복하게 하지도 못한다. 나아가 사회에 아무런 도움도 되지 못한다. 사회 불균형과 부조화만 양산할 따름이다.

남녀는 조화를 이루어야 한다. 이것이 진정 우리 유전자가 원하는 것이다. 이 사회에서 남성 또는 여성 홀로 생존과 번식을 하는 것이야말로 가장 불행한 것이다. 지금 이 사회는 근거 없는 온갖 궤변과 무지 속에 남녀의 혼돈, 가정의 혼돈, 사회의 혼돈 속에 빠져 있다. 이는 올바른 것도 아니고 바람직한 것도 아니다. 인류 역사에서 가끔 있어왔던 일시적 아노미 현상에 불과하다. 우리는 이 혼돈의 세계를 지혜롭게 극복해나가야만 한다. 그리하여 국민 다수가 남녀의 조화와 협력 속에 장기적으로 건강한 삶을 영위할 수 있도록 올바른 질서를 확립하여야만 한다.

14장

성⁽性⁾ 문화

현재 헌법재판소는 성매매특별법 위헌 심사를 진행하고 있다. 위헌을 주장하는 이들은 '성적 자기 결정권'을 이유로 내세운다. 그리고 합헌을 주장하는 이들은 인간의 몸은 사고팔 수 있는 대상이 아니라는 점을 내세운다. 과연 어느 쪽이 맞을까. 그리고 우리가 이 문제를 이처럼 상황논리적으로 접근하는 것이 타당한 것일까.

인간은 집단생활을 한다. 자연 생태계를 보면 집단생활을 하는 모든 포유류는 일부다처제다. 침팬지, 고릴라, 사자, 얼룩말, 영양 등 모두 다 그렇다. 인간 사회도 거의 일부다처제에 가깝다. 인류 역사에서 일부다처제 아닌 사회가 얼마나 있었는가. 집단생활을 하는 포유류가 일부다처제를 갖게 된 것은 수컷이 집단생활로 인하여 새끼 양육에서 좀더 자유로워졌기 때문으로 추정된다. 수컷이 새끼 양육에서 자유로워지니 자연스레 많은 암컷을 거느릴 수 있게 된 것이다.

또한 인간 고환의 크기는 침팬지와 고릴라의 중간 정도라 한다. 이로 볼 때 남성의 성적 본능은 일부일처제와 일부다처제 그리고 난교사회가 겹쳐 있는 것으로 보인다. 이는 남성 유전자 깊숙이 프로그램화되어 있는 것으로 인간 의지로는 바꿀 수 없는 숙명적인 것이다.

세종대왕은 정실 외에 8명의 후궁을 두었다. 로마 최고의 영웅 카이사르는 대단한 바람둥이였다. 그의 최대 정적이었던 폼페이우스의 부인도 한때 그의 애인이었다. 한고조 유방은 초패왕 항우와 천하쟁패를 하는 가운데서도 늘상 여자들을 끼고 다녔으며 이순신 장군도 전란의 와중에 외도를 한 적이 있다. 사실 우리 조상들 대부분이 오입쟁이였다. 당연한 일이다.

나는 건전한 성문화를 꿈꾸는 사람이다. 그렇다고 그것이 흠결 없는 완벽한 일부일처제를 의미하는 것은 아니다. 일부일처제는 존중되어야 하지만 남성의 성적 본능도 존중될 필요가 있다.

매춘은 인간 이전부터 존재해왔던 것이다. 동물의 세계에서도 먹이를 주고 교미를 하는 매춘 행위가 흔히 발견된다. 매춘이 일부 사람들이 주장하는 것처럼 비인간적 행위일 수도 있다. 부정하지 않는다. 하지만 그것은 삶의 한 방식일 수도 있다. 미국 실리콘밸리는 고급 콜걸들로 북적인다고 한다. 일부 콜걸들은 백만 달러를 벌기도 한다고 한다. IT 천재들이 돈은 많은데 연애는 서툴러서 그렇 단다. 천재라고 만능은 아닌 것이다. 삶이란 본래 그런 것이다. 그 걸 굳이 선악을 따질 필요까지야 없지 아니한가. 그래서 나는 국민 다수가 건강한 삶을 영위하면 성공한 국가라고 말하는 것이다.

불륜도 있다. 그런데 돈이 개입되지 않는 불륜이 있을까. 아마 도 그런 경우는 극히 드물 것이다. 그렇다면 불륜도 매춘의 일종이 고 처벌의 대상이다. 어쨌거나 남성에게는 성적 탈출구가 반드시 필요하다. 그 유전자가 바뀌지 않는 한 말이다. 하지만 남성 유전자 가 바뀔 수 있을까. 자녀 양육에서 자유로운데. ㅋㅋ

남성의 바람기는 본능적인 것이다. 본능은 본능일 뿐이다. 선도 아닐 뿐더러 악도 아니다. 따라서 그 자체만으로는 비난의 대상이 될 수 없다. 다만, 그것이 결혼을 부정하고 가족을 부정한다면 이는 대단히 심각한 문제라 하지 않을 수 없다. 결혼과 가족은 인간의 건 강한 생존과 번식을 위한 가장 기초적인 제도이기 때문이다. 따라 서 남성의 바람기는 적절히 절제될 필요가 있다.

결혼과 가족을 위해서는 남성의 절제도 필요하지만 여성의 인 내도 필요하다. 특히 여성의 인내는 아무리 강조해도 지나치지 않 다. 여성은 가정의 중심이요 자녀 양육의 일차적 의무자이기 때문 이다. 일부 남성들은 여성이 가정의 중심이라는 것에 대해 이의를 제기할지도 모르겠다. 하지만 남성이 가정에서 무엇을 그리고 얼 마나 하나. 가정의 중심은 여성이다.

인류 역사를 보자. 여성이 인고의 삶을 살지 않은 때가 있었나. 여성은 그 어느 시대 또는 사회를 막론하고 인고의 삶을 살아왔다. 그리고 그 인고의 삶 속에서 인류는 오늘날까지 건강하게 살아남을 수 있었다. 어머니의 인고는 인간 생존과 번식을 위한 필연적 귀결이기도 하지만 지혜로운 선택이기도 했던 것이다. 사실 여성의 인고도 본능적 행위로 인간 이전의 단계에서부터 이미 유전자에 프로그램화되어 있었다고 보는 것이 타당할 것이다. 동물들의 모성애도 대단하지 아니한가.

유교 문화 아래서 여성들은 한때 수절을 강요당했다. 그런데 유교가 처음부터 여성 수절을 강요한 것은 아니었다. 여성의 개가는 오랜 사회 풍습이었고 유교도 이에 전혀 이의를 제기하지 않았었다. 그런데 중국 송나라 때 어느 사대부 여성이 남편을 여의었다. 시가에서는 사회 풍습에 따라 그 여성에게 개가하도록 했다. 그런데 그 여성이 아이가 있는 여자가 어떻게 아이들을 놔두고 개가할 수 있느냐며 이를 단호히 거부했다. 이 사건은 당시 귀족 사회를 크게 감동시켰다. 그래서 그때부터 여성이 수절하는 전통이 생긴 것이다. 유교와 여성의 수절은 무관하다. 여성의 수절은 여성 스스로가 선택한 것이었다.

페미니스트들은 여성 해방을 외친다. 여성의 성적 해방을 위해서다. 하지만 성(性)보다 중요한 것이 생존이요 번식이다. 그리고 건강한 생존과 번식을 위해서는 남녀의 협력과 조화가 필수적이다. 또한 서로 절제해야 한다. 페미니스트들의 주장은 일고의 가치도 없는 궤변에 불과하다.

요즘 미혼 여성들의 성개방이 대세가 되어가고 있다. 성교육 전문가들도 꽤 있다. 그들의 일관된 주장은 성개방이다. 이는 심리학자들의 주장이기도 하다. 그들은 성욕은 참아서는 안 된다거나 참을 필요가 없다고 말한다. 그리고 성은 당당히 즐겨야 하는 것이라고 말한다. 예컨대, 춘향전의 이도령은 춘향이와 사랑에 빠져 과거공부를 접어야 하며, 또한 춘향이는 한양으로 떠난 이도령을 기다릴 필요 없이 주변 남성들과 즐겨야 한다는 것이다. 이런 주장에 자녀를 가진 부모들이 본능적 불안감을 느끼는 것은 당연한 일이다.

그렇다면 과연 이들의 주장은 맞는 것일까. 먼저 여성의 역사는 성의 절제의 역사였다고 해도 과언이 아니다. 그리고 그 절제 속에서 우리 인간은 오늘날에 이르기까지 건강히 생존을 지속해오고 있다. 역사는 경험칙이다. 그 경험칙엔 인간의 본능과 삶에 관한 모든 것이 녹아 있다. 그렇다면 여성의 성의 절제는 인간의 본능과 삶의 종합적 산물일 수밖에 없다.

성욕을 참는 것이 대단히 힘든 일임을 나도 잘 안다. 하지만 성욕은 참을 수 없는 것이 아니다. 참을 수 있는 것이고 또한 참을 만한 가치가 충분히 있는 것이다. 동물의 세계에서는 평생 교미 한 번 못해 보고 생을 마감하는 수컷들이 부지기수다.

고통을 말하자면 성의 절제보다 더한 삶의 고통들이 무수히 많다. 저 하늘의 별들보다 많은 것이 삶의 고통이다. 그래서 삶을 고해(苦海)라 한다. 그 고통은 극복의 대상이지 회피의 대상이 아니다. 회피하는 순간 삶의 종말이 기다리기 때문이다. 그런데 심리학자들의 주장대로라면 우리는 고통에 맞서지 말고 적극적으로 고통을 회피하여야만 한다. 그래야만 더 행복할 것이기 때문이다. 하지만 고통을 극복하지 못하는 한 삶은 없다. 고통의 회피는 앉아서 죽음을 기다리는 것과 같은 어리석은 행위에 불과할 뿐이다. 아마도 심리학자들도 수많은 고통을 극복하면서 전문가가 되었을 것이다. ㅋㅋ 사실 삶에서 성의 절제로 인한 고통 따위는 아무것도 아니다. 이를 침소봉대하여 사회를 혼란에 빠뜨리는 심리학자들이 더 문제다.

다시 말하지만 우리 유전자가 원하는 것은 성(性)도 아니요 쾌락도 아니다. 오직 건강한 생존과 번식일 뿐이다. 따라서 이도령이 춘향과의 사랑을 참고 과거 공부를 한 것은 잘한 일이었고, 춘향이도 다른 남자를 사귀지 않고 이도령을 기다린 것 또한 잘한 일이었다. 우리 유전자는 충분히 성을 절제할 수 있다. 진정 우리 유전자는 건강한 생존과 번식을 위해서라면 하지 못할 일이 없고 참지 못할 일이 없다. 유전자란 바로 그런 존재다. 그 결과 우리 인류가 오늘날까지 건강히 생존해 오고 있는 것이다. 말하거니와 우리 인간은 얼마든지 성의 지배자가 될 수 있다. 심리학 따위는 잡설에 불과하다. 이제부턴 그 따위 것들일랑 잊고 오직 삶에 충실하자.

성개방이 필요하다면 해야 할 것이다. 하지만 그 개방도 결코 건강한 생존과 번식에 해가 되어서는 아니 된다. 그것이 원칙이다. 그럼에도 성개방은 어떤 식으로든 많은 문제를 야기할 수밖에 없다. 무엇보다 결혼과 가족이라는 사회 기초적 제도들을 뒤흔들 가능성이 크다. 지금 우리 사회가 그렇게 흘러가고 있다. 그래서 우린 다시 성의 절제로 나아갈 수밖에 없다. 그것이 진리다. 또한 역사가 증명하는 것이기도 하다.

요즘 대중문화는 성적으로 매우 자극적이고 파괴적이다. 각종 음란물이 사회에 넘쳐나고 사회 분위기도 음란함에 잠겨 있다. 요즘 대중문화는 곧 사회문화라 해도 과언이 아니다. 그런 대중문화가 불륜을 조장 또는 미화하거나 각종 성적 일탈을 부추기는 등의 위험과 극단으로 치닫고 있는 것이다.

인간의 의지엔 한계가 있다. 유혹을 물리치고 고통을 인내하는 데 한계가 있는 것이다. 그 한계에서 인간을 구원하는 것이 바로 미풍양속이다. 곧 건강한 대중문화인 것이다. 그런데 지금 그 대중문화가 되레 미풍양속을 파괴하고 삶의 질서를 뒤흔들고 있다. 이런 상황에서는 건전한 시민들도 타락을 면키 어렵다.

동서고금을 막론하고 사회가 안정되면 문화가 발전하고 성 도덕이 타락하는 현상이 일어났다. 오늘날 대중문화의 타락상은 역사적으로 수없이 반복돼왔던 사회현상인 것이다. 인류는 그때마다 지혜롭게 위기를 극복해왔다. 그리고 지금 우리는 또 그 위기에 맞닥뜨리고 있다. 오늘을 사는 우리의 책무가 실로 막중하다 하지 않을 수 없다.

일부 사람들은 동성애를 말한다. 그리고 세계 일부 국가는 동성애를 허용하기도 한다. 우리는 어떤 선택을 해야 할까. 동성애는 과연 올바른 행위인가. 동물의 세계에는 동성애가 없다. 일부 동물들에게서 이와 유사한 행위가 발견되기도 하지만 이는 인간의 동성애와는 차원이 다르다. 동료간 친근감을 표시하거나 유대를 강화하기 위한 스킨십에 불과하다.

동성애는 올바른 행위가 아니다. 암수의 결합이라는 자연의 이치를 거스르기 때문이다. 따라서 동성애는 결코 용납할 수 없다. 설령 내 자식이 동성애자라 할지라도 어쩔 수 없다. 어떤 경우라도 올바르지 못한 행위는 결코 용납할 수 없다. 올바름이 부정되면 국민 다수가 장기적으로 건강한 삶을 영위할 수 없기 때문이다.

사회를 지배하는 기본 논리는 신뢰다. 그리고 신뢰는 올바름에 기초한다. 올바름은 실로 사회 존립의 근간인 것이다. 그런데 어떻게 그 올바름을 부정할 수 있단 말인가. 올바름을 부정하는 것은 사회를 부정하는 것과도 같다. 물론 인권도 중요하다. 하지만 그 인권이라는 것도 올바름의 범위 안에서만 보장될 수 있다. 올바름을 벗어난 인권은 보호될 수 없다.

미국이 동성애를 허용했지만 이는 소탐대실과 같은 것이다. 올바름을 버리고 인권을 취했기 때문이다. 이로 말미암아 미국은 국내적으로도 계속 소란할 것이지만 국제적으로도 그 지도력에 손상을 입게 됐다. 오바마 대통령의 오판이라 하지 않을 수 없다. 중요한 것은 동정심이 아니다. 올바름이다. 올바름이 세상을 결정한다.

III부

경세가의 조건

15장

절제(1)

— 정치와 절제

　민중은 위기 때마다 혁명을 꿈꾸었다. 그러나 그 모든 혁명은 시작은 순수했지만 끝은 부정부패로 귀결되고 결국엔 모두 타도의 대상이 되고 말았다. 단지 역사는 반복될 뿐 더 나아가지 못한다는 사실만 증명한 채 말이다. 그리고 오늘 우리는 또 민주주의의 위기를 목도하고 있다. 극소수에 부가 집중되고 중산층은 허물어져 가고 있다. 국민 모두에게 피선거권은 있으되 그 권리를 행사할 길은 없다. 사회 곳곳에서 공정함은 하나둘씩 사라져 가고 젊은이들은 길거리로 내몰리고 있다.
　금년은 4·19 의거 55주년이 되는 해이다. 그 당시 주역들은 지금 뭐 하고 있을까. 지금도 의거 당시의 순수한 정신을 간직하고 있을까. 청년은 순수하다. 왜 그럴까. 욕심이 적기 때문이다. 하지만 청년이 중년이 되고 장년이 되면 욕심이 많아진다. 그러면 청년 시절의 순수함은 탐욕과 함께 사라져 버린다. 이는 마치 국가의 일생과도 같다. 순수함으로 시작해서 탐욕을 거쳐 부패와 치욕으로 끝난다.

사람들은 순수함을 사랑하고 올바름을 원한다. 그러면서도 절제는 하지 않는다. 아마도 절제를 모르기 때문일 것이다. 하지만 우리가 아무리 순수함을 사랑하고 올바름을 원할지라도 절제하지 아니하면 이것들은 우리 곁에서 아주 멀리 떠나버린다. 하지만 우리가 절제한다면 순수함이나 올바름을 구하지 않더라도 그들은 어느 결에 우리 곁에 다가와 있다. 절제란 그런 것이다.

다시 말하지만 삶은 장기적으로 정신적으로 그리고 육체적으로 건강한 삶을 영위하는 과정이다. 우리는 절제하면서도 얼마든지 건강한 삶을 영위할 수 있다. 굳이 무모한 욕심을 부릴 필요가 없다. 또한 절제하면 우리가 원하는 미덕들을 모두 다 얻을 수 있다. 바로 그것이다.

중국 요순시대의 선정은 참으로 유명하다. 공자마저 그 시대를 마음 깊이 그리워했다. 특히 요 임금은 대단히 절제 있는 생활을 했다. 그는 황실의 집기 등을 모두 투박한 것으로 했다고 전해진다. 그런데 순 임금은 비록 선정을 펼치긴 했지만 황실 집기 등을 화려하게 했다고 한다. 점차 기강이 무너져 갔던 것이다.

요 임금은 그 아들을 제쳐두고 순을 후계자로 삼기 위해 오랫동

안 그를 시험했다. 그리고 마침내 순을 후계자로 삼았다. 그런데 그 요 임금이 왜 순 임금에게 절제를 전해 주지 못했을까. 나는 자못 그것이 궁금하다. 아마도 선정의 중요성은 알았지만 절제의 중요성은 몰랐기 때문일 것이다. 비록 그 자신은 그토록 절제했지만 그 절제가 선정의 전제 조건이었음은 미처 몰랐던 것이다. 공자도 절제의 중요성을 깨닫지는 못했다. 그래서 유학이 비록 한나라 이후 중국의 정치 이념으로 자리 잡았지만 태평성대를 이루지는 못했다.

당 태종은 현군으로 이름이 높다. 그런 당 태종의 치세를 '정관(貞觀)의 치(治)'라 부른다. 그는 정치에 열심이었다. 하지만 그의 절제에 관한 사료는 많지 않다. 그는 위징의 견제를 많이 받았다. 당 태종의 정치가 대단히 훌륭했다는 것은 인정한다. 하지만 그는 절제적이지 못했다. 그의 말기 개국공신들 또한 안정되고 화려한 생활에 젖어갔다. 당 태종 말년에 이미 그의 통치는 기울어져 가고 있었던 것이다.

당 현종의 '개원(開元)의 치(治)'도 유명하다. 현종도 집권 초중반 태종처럼 정치에 대단히 열심이었다. 하지만 그도 절제하지는 못했다. 그는 집권 후반 양귀비를 얻어 쾌락에 탐닉했다. 결국 그는 '안록산의 난'에 의해 수도 장안에서 내쫓기는 비운의 신세가 되고 말았다.

우리나라 세종대왕은 어떨까. 세종대왕도 절제하지는 못했다. 이는 어쩌면 당연한 일이다. 그 당시 조선 사회를 지배한 건 유교였다. 세종대왕도 사서삼경을 비롯한 유학을 열심히 공부했다. 하지만 그 유학엔 절제란 것이 없다. 그러하니 어떻게 세종대왕이 절제할 수 있었겠는가. 세종대왕의 치세 또한 훌륭한 것이었지만 그것도 금 간 항아리처럼 언제든 깨질 위험을 안고 있을 수밖에 없었던 것이다. 인류 역사의 모든 성군들이 이와 비슷하다. 정치는 열심이었지만 절제는 몰랐다. 그래서 항상 깨질 위험에 처해 있었고 그 선정은 단명에 그치지 않을 수 없었다.

유학은 기본적으로 위정자가 백성을 다스리고 사랑하는 법을 가르치는 정치학이다. 그런데 불행히도 그에는 절제가 없다. 절제는 백성을 사랑하기 위해 위정자가 가장 먼저 해야 할 일이다. 모든 것의 근본이자 기본이다. 그런데 유감스럽게도 그 절제가 유학에 빠져 있는 것이다. 그러하니 위정자들은 사치와 향락에 젖고 백성들은 도탄에 빠질 수밖에 없었던 것이다. 이것이 유학의 한계이자 불행이었다.

하지만 황희 정승은 어떤가. 그의 청빈은 유명하다. 사는 집이 하도 누추해서 비가 오면 빗물이 지붕에서 방바닥으로 줄줄 샜다고 한다. 시집갈 딸의 예단조차 없는 와중에 세종대왕이 이를 알고 부랴부랴 예단을 마련해주었다고도 한다. 또한 음서제를 마다하고 아들들로 하여금 과거시험을 통해 관직에 나아가도록 했다. 이는 그 당시 사회 상황에서 아무나 할 수 있는 일이 아니었다.

이런 그가 있었기에 세종대왕이 있을 수 있었고 배부른 백성이 있을 수 있었다. 또한 그는 세 아들이 모두 영의정이 되는 광영까지 누렸다. 그리고 90세까지 장수했다. 이보다 더한 복락이 어디 있겠는가.

황희 정승은 절제를 즐겼고 삶을 즐겼다. 그는 유학자였지만 유학을 뛰어넘은 몇 안 되는 분이기도 했다. 진실로 지혜자다. 인류의 스승으로 삼아도 전혀 부족함이 없는 분이다. 하지만 절제의 본질은 꿰뚫지 못한 것 같다. 그 아름다운 절제가 후대에까지 이어지지 못했으니까 말이다. 말하거니와 절제하지 않는 모든 정치는 실패한다. 요즘 절제 없이 정치인들이 떠들어대는 정의니 국민이니 하는 것들은 위선이요 사기일 뿐이다. 아니면 무지의 소치든가. 둘 중 하나다. 절제 없는 정의 또는 국민은 없다. 국민 다수가 장기적으로 건강한 삶을 영위하기 위해서는 국가 지도층이 반드시 절제해야만 한다. 이것이 진리다.

고대 도시국가 로마의 국가 지도층은 실질과 강건을 숭상했다. 그들은 그리스의 수준 높은 선진 문화를 대단히 동경하고 이를 배우기를 원했다. 하지만 그들의 향락 문화만은 비하해 마지않았다. 로마는 그 동맹국들에 대해서도 공정하기 이를 데 없었다. 예컨대, '속주세'라는 것이 있었다. 로마의 속주는 속주세인 십일조만 내면 치안이며 국방을 로마군이 다 해결해준다. 속주는 사실 식민지와 다름없다. 그런 속주에 대해 로마는 마치 자국을 대하듯 공정하게 대우했던 것이다. 그래서 로마의 통치 체제에 반기를 들고 저항한

속주나 동맹국은 없었다.

로마제국의 현제 마르쿠스 아우렐리우스도 스토아 철학자였다. 그러하니 얼마나 오랫동안 스토아 철학이 로마의 국가 지도층을 지배했는지를 잘 알 수 있다. 절제는 강건함이요 공정함이다. 로마의 세계 제패는 실로 필연적 귀결이라 하지 않을 수 없다.

고대 그리스 도시국가 중에 스파르타라고 하는 아주 개성이 강한 국가가 있었다. 우리는 스파르타 하면 지옥 훈련을 연상하지만 사실 스파르타는 절제를 미덕으로 삼은 국가였다. 스파르타인들은 귀금속을 돌처럼 여긴다. 귀금속은 국내에 반입조차 할 수 없었다. 그들은 지배계급이었지만 가난한 것처럼 보인다. 그 스파르타는 두 명의 왕과 원로원이 통치하는 국가다. 두 왕에겐 별다른 혜택이 없다. 절제가 미덕이거늘 그 무슨 혜택이 있을 수 있겠는가. 또한 왕들은 전쟁터에서도 일반 병사들과 똑같이 최전선에서 싸운다. 그래서 그런지 이 나라에서는 왕의 자리마저 사양하는 일들이 종종 일어나곤 했다.

스파르타인들은 그들만의 독특한 삶의 방식을 스스로 잘 알고 있었다. 그리고 세상 사람들이 그들을 두려워하면서도 그들의 삶의 방식은 납득하지 못한다는 것도 잘 알고 있었다. 하지만 자부심만은 대단했다. 그런 스파르타인들의 유머는 정곡을 찌르는 것으로 유명했다. 아테네인들은 결코 따라올 수 없었다. 또한 스파르타 지도자들은 세계 각국에서 극진한 존경을 받았다. 아테네인들은 비교가 되지 않았다. 아테네는 페리클레스 황금기 이후 분열과 부패로 급격히 무너져갔다. 그리하여 결국 스파르타에 무릎을 꿇고 말았다. 사람들은 스파르타엔 철학도 문명도 없었다고 비판한다. 하지만 스파르타는 절제했고 강했으며 승리했다.

사람들은 능력을 말한다. 그리고 어느 정당은 선거에서 늘상 능력 있는 사람을 뽑아달라고 호소한다. 하지만 능력은 칼과 같다. 세상을 위해 휘두를 수도 있지만 세상을 베어버릴 수도 있다. 도덕성이 결여된 능력은 흉기 이외 아무것도 아니다. 그렇다고 그들의 능력이 제대로 검증된 능력인 것도 아니다. 우리나라 IMF 부도 사태도 국가 안정을 내세우고 능력 있는 사람을 뽑아달라고 간청한 정당이 저지른 국가적 대재앙이었다. 절제는 모든 도덕성의 원천이다. 절제 없는 도덕성은 없다. 능력은 절제와 결합될 때 비로소 세상을 위한 칼이 될 수 있다.

요즘 세계적으로 민주주의가 심각한 위기를 맞고 있다. 극소수에 부가 집중되고 중산층은 허물어져 가고 있다. 국민 모두에게 피선거권은 있으되 그것을 행사할 기회는 막혀 있다. 공정함은 사라져가고 젊은이들은 길거리로 내몰리고 있다. 이는 전적으로 보수든 진보든 기권득층의 무능과 부정부패에서 기인하는 것이다.

진보는 무분별한 사회복지와 분배를 주장한다. 하지만 이는 값싼 포퓰리즘에 지나지 않는다. 이를 통해서는 위의 문제들이 해결될 수 없다. 선진국들도 마찬가지다. 진보는 공산주의의 사생아다.

나는 보호를 통해서 잘 사는 사회 또는 국가를 본 일이 없다. 요즘 미국 자치령 푸에르토리코도 과도한 사회복지 지출로 인하여 디폴트 상태에 직면해 있다. 무분별한 사회복지와 분배의 끝은 공멸일 뿐이다. 또한 공산주의의 절대 권력은 자본주의 권력보다 더 부패하다. 진보도 이에서 예외일 수는 없다.

사실 진보는 보수보다 더 위험하다. 똑같이 부정부패한 데다 포퓰리즘마저 주장하기 때문이다. 얼핏 진보 인사들이 도덕적인 듯 보이지만 그들의 도덕성은 강요된 도덕성이지 자발적 도덕성이 아니다. 김대중·노무현 정권 시절 진보 인사들의 부정부패도 적지 않았었다. 그리고 지금도 진보적 인사들의 불미스런 행동들이 지속되고 있다. 부정부패는 보수와 진보의 문제가 아니다. 오직 인간의 문제다. 인간이 탐욕 또는 속세의 행복 따위를 추구하는 한 그 누구도 부정부패에서 자유로울 수 없다. 이것이 진리다.

일부 사람들은 인간의 도덕성을 신뢰하지 않는다. 특히 진보 인사들이 그렇다. 그래서 그들은 도덕성을 위해서는 더 많은 감시·감독 장치들이 필요하다고 말한다. 하지만 지금 민주정엔 각종 견제 및 감시·감독 장치들이 넘쳐나는 실정이다. 국회가 있고 사법부가 있으며 감사원이 있고 검찰·경찰이 있다. 그 위에 특검이 있고 온갖 시민 단체들까지 난립해 있는 상황이다. 하지만 달라진 게 뭐며 나아진 게 뭐가 있는가. 난 지금껏 수많은 특검을 지켜봤지만 실적은커녕 특검이 언제 어떻게 종료됐는지조차 들은 사실이 없으며 또한 많은 시민 단체 간부들이 부정부패로 구속당하는 것을 가슴 아프게 지켜봤다.

각종 견제 및 감시·감독 장치들이 일시적 효과를 발휘할 수 있을지도 모른다. 하지만 장기적으론 무용지물에 불과하다. 아니 이런 것들은 오히려 이중삼중의 부정부패를 유발하는 사회적 공해에 불과하다. 그 어떤 수월한 정치 체제가 인간의 도덕성을 확보할 수 있는 것은 아니다. 인간의 도덕성은 오로지 인간 자신, 즉 절제에 의해서만 확보될 수 있을 뿐이다.

어쩌면 국가 지도층의 부정부패 속에서도 국가 발전이 이루어지고 다수 국민들의 삶이 나아질 수도 있을 것이다. 현재 중국이나 과거 경제 개발 단계의 우리나라처럼 말이다. 하지만 이는 무지개처럼 고도성장기의 한때에 불과하다. 국가 지도층이 부정부패하는 한 국가는 결코 쇠망을 면할 수 없다. 중남미가 그리고 우리나라 IMF 사태가 이를 잘 증명하고 있지 아니한가.

사람들은 '절대 권력은 절대 부패한다'라고 말한다. 일리 있는 말이다. 하지만 인간이 탐욕 또는 속세의 행복을 추구하는 한 크든 작든 모든 권력은 절대 부패한다. 하지만 인간이 건강한 삶을 추구하고 절제한다면 절대 권력도 절대 부패하지 않는다. 이것이 진리다.

우리는 절제해야 한다. 그리고 인간을 믿어야 한다. 우리가 인간을 믿지 못하고 만든 삼권분립이니 각종 감시·감독 장치들은 결코 인간의 도덕성을 확보할 수 없으며 오히려 부정부패를 확대 재생산하고 시민들을 능욕하는 수단으로 새롭게 진화할 뿐이다. 우리는 이것들의 한계를 명확히 인식할 수 있어야 한다. 그리하여 이들에 대한 믿음과 의존으로부터 과감히 탈피하고 우리 마음으로부터 도덕성을 구해야 한다.

그 어느 때부턴가 인류에겐 절제란 말이 사라져 버렸다. 아니 절제가 금기시된 것 같기도 하다. 그리고 그 빈자리를 행복이니 쾌락이니 하는 알 수 없는 천박한 것들이 차지해 버렸다. 그 후 우리는 도덕성을 잃어버렸다. 우리가 도덕성을 상실한 것은 어쩌면 당연한 귀결이기도 하다. 절제 없이 어떻게 도덕성이 확보될 수 있겠는가. 절제 없이 도덕성을 구하는 것은 실로 연목구어(緣木求魚)와 같다.

지금 이 시대는 사회 모든 영역에서 그 어느 때보다 강도 높은 도덕성을 절실히 요구하고 있다. 우리 모두 또한 타는 목마름으로 도덕성을 원한다. 그렇다면 우리는 절제해야 한다. 그 길밖에 없다. 외길이다. 도덕성을 위한 더 많은 감시·감독 장치들은 마약 중독자가 더 많은 마약을 찾는 것과 같이 상황을 더 악화시킬 뿐이다. 말하거니와 오직 절제만이 도덕성을 회복하고 우리 자신을 그리고 세상을 구할 수 있다.

16장

절제(2)

― 분배와 절제

분배의 정의는 뭘까. 과연 분배에 객관적 기준이 존재할까. 만약 분배에 객관적 기준이 존재했다면 분배의 왜곡은 처음부터 일어나지 않았을 것이다. 객관적 기준이 엄연히 존재할진대 어찌 왜곡이 일어날 수 있겠는가. 하지만 불행히도 분배엔 객관적 기준이 없다. 분배는 단지 사회적 합의에 의해 이루어질 뿐이다.

분배의 사회적 합의는 공정해야 하다. 그렇지만 그 합의가 항상 공정할 수 있는 것은 아니다. 예컨대, 경제 개발 초기 단계에서는 자본 축적을 위해 부득이 노동자들이 불이익을 감수할 수밖에 없다. 하지만 경제가 성장하고 노동조합의 힘이 강해지면 오히려 노동자가 분배의 주도권을 행사할 수도 있다. 또 기업이 위기에 빠지면 노동자는 기업을 위해 희생을 감수해야 한다. 기업이 망하면 공멸이기 때문이다.

　분배의 사회적 합의는 이처럼 시대 상황 또는 기업 상황에 따라 달라질 수 있다. 그렇다고 그것이 공정함을 훼손했다고 단정할 수는 없다. 공정함은 분배의 당사자뿐만 아니라 국민 다수 그리고 국가의 미래까지도 종합적으로 고려되어야 하기 때문이다.

　어쨌든 분배의 사회적 합의는 최대한 공정해야 한다. 나는 앞에서 공정한 분배를 위해서는 반드시 국가 지도층이 절제해야 한다고 말한 바 있다. 얼핏 보면 분배와 국가 지도층은 아무 상관이 없는 듯하다. 분배는 기본적으로 자본가와 노동자 간의 문제이기 때문이다. 그런데 나는 왜 공정한 분배를 위해서는 반드시 국가 지도층이 절제해야 한다고 말하는 것일까. 우리 속담에 '윗물이 맑아야 아랫물이 맑다'라는 것이 있다. 이 속담에 이의를 제기할 사람은 없을 것이다. 그 속에 답이 있다. 국가 지도층이 절제하면 결국 국민 모두가 절제하게 되어 공정한 분배가 절로 이루어지게 된다.

　국가 지도층이 절제하게 되면 어떻게 될까. 그러면 중간 관리자들도 절제하지 않을 수 없다. 그리고 중간 관리자들이 절제하면 하위직 공무원들도 절제하지 않을 수 없다. 결국 국가 지도층이 절제하면 윗물이 아랫물을 맑게 하듯 모든 공직자들이 절제하게 되는 것이다.

　모든 공직자들이 절제하게 되면 국가는 비로소 공정함을 행할 수 있게 된다. 공직자들이 온갖 위법 또는 불법 행위들로부터 보다 자유로워지게 될 것이기 때문이다. 그리고 국가가 공정함을 행하면 분배도 보다 공정해질 수 있다.

모든 공직자가 절제하고 국가가 공정함을 행하면 자본가들도 경거망동을 할 수 없게 된다. 사소한 법질서라도 위반하면 즉각적으로 엄중한 처벌을 받게 될 것이기 때문이다. 그러면 자본가들도 자연 절제하지 않을 수 없게 된다. 그리고 자본가들이 절제하게 되면 그 중간 관리자들도 함께 절제할 수밖에 없다. 사람이 절제하게 되면 보다 이성적이고 보다 공정해진다. 그러면 노동자에 대한 분배가 보다 공정해지게 될 것이다. 그뿐만 아니라 협력업체들도 보다 공정한 대우를 받게 될 것이다.

자본가와 그 중간 관리자들이 절제하면 노동자들도 절제하게 될 것이다. 그리고 노동자들이 절제하게 되면 그들도 보다 이성적이고 보다 공정해질 것이다. 그러면 현재 기업을 위태롭게 하고 나아가 국가마저 위태롭게 하는 강성 노조 또는 노조의 경직성 문제도 쉽게 해결될 수 있을 것이다.

중요한 건 기업이다. 노동자가 아니다. 기업이 망하면 노동자도 없다. 기업이 살아야 노동자도 산다. 강성 노조 또는 노조의 경직성 문제는 반드시 해결되어야만 한다. 죽은 나무는 경직돼서 부러지되 살아 있는 나무는 부드러워 휘어진다. 노조의 경직성은 위험 신호라 하지 않을 수 없다. 노조는 살아 있는 나무가 되어야 한다. 무분별한 최저임금 인상도 자제되어야 한다. 우리 중소기업들은 현행의 최저임금마저도 버거운 형편이다. 중소기업이 무너지면 노동자도 무너진다. 그리고 우리 경제도 함께 무너진다.

노동자들마저 절제하면 그땐 절제가 전국적으로 행해질 것이다. 그러면 국민 대다수가 보다 이성적이고 보다 공정해질 것이다. 그러면 전국적 차원에서의 공정한 분배가 절로 이루어지게 될 것이다. 분배는 이렇게 하는 것이다. 바로 절제에 답이 있다. 요 임금의 절제 그리고 황희 정승의 절제가 왜 태평성대를 만들 수밖에 없었는지 이제 알겠는가.

하지만 그 역을 생각해보자. 국가 지도층이 탐욕적이고 불공정하다고 말이다. 그러면 세상이 어떻게 되겠는가. 상상만 해도 끔찍하지 아니한가. 지금 세상이 바로 그런 세상이다. 국가 지도층이 공정함을 유린하고 온갖 부정부패를 자행하고 있다. 그리고 더 심해지고 있다.

사람들은 평화를 원한다. 로마 가톨릭 교황은 세계 평화를 위해 수많은 사람들을 모아놓고 거창하게 기도하기도 한다. 그렇다고 평화가 올까. 만약 기도해서 평화가 이루어질 수 있다면 나도 밤낮을 가리지 않고 기도하겠다. 하지만 평화는 기도로 이루어지지 않는다. 이는 거창한 쇼맨십에 불과하다.

나는 삶의 본원적 질서는 '보호하지 않음과 경쟁'이라고 말한 바 있다. 그리고 삶의 본질은 투쟁이요 고통이라고 말했다. 인간이 그런 세상에서 건강한 삶을 영위한다는 것은 결코 쉬운 일이 아니다. 아니 정말 힘든 일이다. 그런데 삶을 넘어 탐욕과 속세의 행복 따위를 추구하면 이 세상이 어떻게 되겠는가. 더 거칠고 더 삭막하고 더 흉포해지지 않겠는가.

우리가 진정 평화를 원한다면 서로를 겨누고 있는 무모한 탐욕의 칼을 당장 내려놓아야만 한다. 우리는 건강한 삶이면 족하다. 굳이 불필요한 욕망 따위가 필요치 않다. 물론 우리가 절제한다고 해도 완전한 평화와 상생이 보장되지는 않는다. 우리 삶은 경쟁과 투쟁을 피할 수 없기 때문이다. 하지만 우리가 무모한 탐욕의 칼만 내려놓는다면 우리는 충분히 만족할 만한 결과를 얻을 수 있다. 천국이 있다면 바로 그런 곳일 것이다.

얼마 전 공무원 연금 개혁 논의가 있었다. 2015년엔 공무원 연금 적자가 무려 2조 5천억 원에 이를 것으로 전망됐다. 시중에선 연금 부자라는 말까지 회자되는 실정이다. 이런 상황에서 공무원 연금 개혁은 실로 당연하다 할 것이다. 하지만 개혁은 초반 기세와는 달리 용두사미로 그치고 말았다. 이럴 거라면 왜 개혁을 끄집어냈는지조차 이해할 수 없을 지경이다. 이는 개혁은커녕 공무원 연금에 대해 정당성만 부여한 꼴이 됐다. 이런 걸 일러 '삽질한다'라고 한다.

물론 공직 사회의 저항이 만만치 않았다. 그러면 그 저항을 왜 물리치지 못했을까. 그건 국회의원들이 먼저 절제하지 못했기 때문이다. 지금 국회의원들은 자신들만의 이권을 하나둘씩 챙겨갈 뿐 그들 자신에 대한 개혁은 전혀 없는 상태다. 그러한 상태에서 공직 사회에만 일방적 희생을 요구했기 때문에 공직 사회는 강력히 저항할 수 있었던 것이다.

만일 그렇지 않고 국회의원들이 먼저 그들의 기득권을 내려놓고 개혁을 추진했더라면 어떻게 됐을까. 그러면 공직 사회는 제대로 저항하지 못했을 것이다. 그리고 공무원 연금 개혁은 순조롭게 진행됐을 것이다. 말하거니와 윗물이 더러울진대 어찌 아랫물이 깨끗할 수 있으며 윗물이 깨끗할진대 어찌 아랫물이 더러울 수 있겠는가.

일부 사람들은 기부를 역설하기도 한다. 물론 기부가 없는 것보다는 있는 것이 나을 것이다. 하지만 기부는 불특정 사람들을 상대로 사용된다. 일하지 않거나 노력하지 않은 사람들에게도 혜택이 돌아갈 수 있는 것이다. 이는 공정치 못한 것이다. 분배의 정의라고 할 수 없다. 기부를 하려거든 차라리 함께 일하는 사람들에게 더 잘 해줘라. 그것이 분배의 정의에도 합치되는 일이다. 또 내가 주장하는 요지이기도 하다.

우리는 평화를 외치고 상생을 외친다. 그리고 사랑을 외치고 배려를 외친다. 하지만 우리의 바램과는 달리 이것들은 오히려 우리로부터 더 멀어져 가고 있다. 이젠 아득해서 잘 보이지도 않는다. 외치고 기도하되 절제하지 않기 때문이다. 하지만 우리가 절제한다면 외치고 기도하지 않아도 평화와 상생이 그리고 사랑과 배려가 어느결에 우리 곁에서 미소 짓고 있을 것이다. 절제란 그런 것이다.

17장

절제(3)

– 절제에 대하여

 절제란 뭘까. 먼저 절제는 금욕이 아니다. 절제는 욕망을 금하는 것이 아닌 절제하는 것이다. 건강한 생존과 번식을 지향한다. 고대 스토아 철학도 절제를 추구했다. 스토아 철학은 로마 지배층을 오래도록 사로잡았다. 우리가 잘 아는 마르쿠스 아우렐리우스 현제는 스토아 철학자다. 실로 로마 1000년 대제국은 스토아 철학에 힙입은 바 크다.
 금욕자들이 있다. 승려나 신부 등이 대표적이다. 일부 사람들은 이들을 높이 평가하기도 한다. 하지만 이들에게서 배울 것은 거의 없다고 해도 과언이 아니다. 먼저 이들은 번식이라는 자연의 이치를 거스르고 있다. 또한 투쟁과 고통이라는 삶의 본질에서도 벗어나 있으며 삶을 위해 처절한 노동도 하지 않는다. 이런 사람들이 삶을 이해하고 세상을 이해했다고 할 수는 없다. 무릇 경세가는 절제와 지혜 그리고 결단력 모두를 갖추어야만 한다. 그런데 이들은 이 중 어느 하나도 갖춘 것이 없다. 이들은 존경의 대상이 아니라 동정의 대상일 뿐이다.

금욕은 오직 무지의 소치일 뿐이다. 이는 소수가 일시적으로나 행할 수 있을 따름이다. 결코 다수가 장기적으로 행할 수 없다. 물론 그럴 필요도 없지만 말이다. 소수라도 일시적이나마 제대로 실천할 수 있다면 그나마 다행한 일이다. 인류 역사에서 종교가 번성한 사회치고 혼란하지 않은 사회가 없었다. 그들의 지식이나 깨달음이란 것이 모두 헛된 것이 아니고 그 무엇이랴.

절제를 말함에 '투박함'을 말하지 않을 수 없다. 투박함의 가치를 이해하고 있는 사람이라면 그는 지혜자임에 틀림없다. 투박함을 즐기고 강조한 사람이 노자다. 노자를 사랑한다. 그가 비록 문명을 거부하긴 했지만 투박함의 가치를 이해했다는 측면에서 그는 지혜자라 아니할 수 없다.

어느 때부턴가 인간은 투박함에서 멀어져 갔다. 그리고 현란함에 취해갔다. 그 결과 세상은 더 불공정해지고 더 피폐해져 갔다. 그 옛날 귀족들은 사치와 향락에 탐닉하거나 품위 있게 시·서·화를 즐겼다. 그들이 한껏 즐길 때 백성들은 길바닥에서 굶어죽거나 얼어죽어 갔다. 백성들은 그들 행복의 희생양이 됐던 것이다. 그리고 국가는 급격히 쇠망해갔다. 물론 백성들이 귀족이 됐어도 똑같은 짓을 저질렀을 것이다.

　문화와 예술의 긍정적 효과를 인정한다. 하지만 이는 도가 지나쳐서는 안 된다. 어디까지나 삶의 양념에 머물러야만 한다. 삶의 본질은 투쟁이요 고통이다. 쾌락과 안일이 아니다. 우리는 삶에 보다 충실할 수 있어야 한다.

　우리는 아름다움을 추구하되 소박한 아름다움을 추구할 수 있어야 한다. 마치 농부들이 일할 때 부르는 민요처럼 말이다. 그것이 바로 투박함이다. 우리는 투박함으로 가야 한다. 그것이 진정으로 우리의 삶을 건강하고 이롭게 한다.

　말하거니와 절대 아름다움은 없다. 아름다움은 그것이 삶을 건강하고 이롭게 할 때 비로소 아름다움일 수 있는 것이지 오히려 삶을 혼란 상태나 위험에 빠뜨리면 추악함 이외 아무것도 아니다. 투박함으로 가자. 투박함이 본질이고 아름다움은 껍데기다. 아니 투박함이야말로 진정한 아름다움이다.

　음식에 관한 재미있는 이야기가 있다. 음식을 일본인은 눈으로 먹고 중국인은 입으로 먹으며 한국인은 배로 먹는다는 것이다. 눈이나 입으로 먹는다는 것은 감각을 중시한다는 의미이고 배로 먹는다는 것은 본질에 충실하다는 의미이다. 우리 한국인에게 희망이 있음이라.

　절제가 꼭 청빈을 의미하는 것은 아니다. 꽁보리밥에 나물 반찬을 먹어야만이, 초라한 옷을 입고 경차를 몰아야만이, 허름한 주택에 거주해야만이 절제는 아니다. 절제는 상황에 따라 또는 각자 개성에 따라 달라질 수 있다. 사실 절제란 본래 없는 것이다. 없는 그 무엇을 가리켜 절제라 표현했을 따름이다. 그래서 마음이 중요하다. 만일 완전한 올바름을 행할 수 있다면 행실이 어떻든 그는 완벽히 절제하고 있다고 단언할 수 있다. 하지만 이는 신(神)도 하기 어려운 일이다.

절제자는 돈을 숭배하지 않는다. 그렇다고 돈을 경멸하지도 않는다. 있는 그대로 받아들일 뿐이다. 마찬가지로 빈자를 더 사랑하지도 부자를 더 미워하지도 않는다. 있는 그대로 바라볼 뿐이다. 돈 자체는 선도 악도 아니다. 또한 빈자가 선인이고 부자가 악인인 것도 아니다. 절제자는 현실을 부정도 과장도 하지 않는다. 오직 있는 그대로 명찰할 뿐이다.

절제자는 반드시 노동해야 한다. 그것도 시간 때우기 식의 노동이 아닌 생존을 위한 처절한 노동을 해야 한다. 이는 선택이 아니라 필수다. 아니 의무다. 사람은 기본적으로 자력으로 생존해야 한다. 그래야만 타인에 대한 피해를 최소화할 수 있다. 바로 이것이 상생의 기본이다.

상생은 이웃을 도움으로써 달성되는 것이 아니다. 타인에 대한 피해를 최소화함으로써 달성되는 것이다. 예컨대, 타인에 대한 피해 없이 모두가 자력으로 건강히 생존한다면 그것이야말로 상생이요 천국이다. 하지만 이웃을 돕되 타인에게 피해를 끼친다면 상생은 있을 수 없다. 그래서 사랑은 근본이 아닌 말단인 것이다. 말하거니와 천국을 원하거든 이웃을 돕지 못할망정 남에게 피해를 끼치지 말 것이며 지옥을 원하거든 이웃을 돕되 남에게 피해를 끼치라.

인류 역사를 돌이켜보건대, 종교에 의한 혹세무민은 인류 역사만큼이나 그 뿌리가 깊고 집요하다. 종교가 번성할수록 오히려 사회는 더 혼란스러웠다. 종교의 역설이다. 이는 종교가 사랑을 지향하면서도 노동에 의한 자력 생존을 부정했기 때문이었다. 말하거니와 그 어떤 위대한 종교나 이념 또는 사상이라 할지라도 자력 생존을 지향하지 않는 한 결코 부정과 타락에서 자유로울 수 없다. 따라서 절제자는 반드시 자력 생존을 위해 치열하게 경쟁하고 처절하게 노동하여야 한다.

다 아는 일이지만 절제는 일시적으로 끝날 일이 아니다. 생활이 되어야 하고 장기간 지속되어야 한다. 어쩌면 인류가 이 땅에서 사라지는 날까지 계속되어야 한다. 그러기 위해서는 절제를 즐길 수 있어야 한다. 절제가 고통인 한 이를 장기간 행하는 것은 불가능하기 때문이다. 그런데 다행히도 우리 유전자는 건강한 생존과 번식을 원한다. 그리고 이를 위해서는 하지 못할 일이 없고 참지 못할 일이 없다. 절제는 국민 다수로 하여금 장기적으로 건강한 삶을 영위하게 한다. 우리 유전자가 절제를 즐기지 못할 이유가 없는 것이다.

절제를 즐기기 위해서는 건강한 삶의 고마움을 알아야 한다. 삶은 경쟁과 투쟁의 연속이다. 그 속에서 건강한 삶을 영위한다는 것은 결코 쉽지 않은 일이다. 예컨대 공무원 시험에 합격한 사람은 천만다행이겠지만 나이 들어서도 합격하지 못한 사람은 그 삶이 대단히 고달플 수밖에 없다. 그런데 불합격자가 99퍼센트다. 아울러 시험에 합격했다고 해서 모든 것이 해결되는 것은 아니다. 공직생활도 쉽지만은 않은 것이다. 우리는 진정 건강한 삶을 영위하고 있다는 사실 그 자체만으로도 얼마나 다행하고 복된 일인지 알 수 있어야 한다. 그래서 절제를 즐기기 위해서는 삶의 처절한 고통도 체험할 필요가 있다. 어쨌거나 상처 입은 조개가 진주를 품는 법이니까.

또한 절제를 즐기기 위해서는 이타심도 필요하다. 앞에서도 언급한 바 있듯이 절제는 모든 도덕성의 원천이다. 진정 다수를 이롭게 한다. 다수를 이롭게 하는 데서 성취감을 얻고 정신적 충만함에 이를 수 있다면 어찌 즐거이 절제를 행하지 아니할 수 있겠는가.

절제에 객관적 기준은 없다. 아니 본래 절제란 것 자체가 없는데 그에 무슨 객관적 기준이 있을 수 있겠는가. 따라서 절제는 오직 절제자 주관적 판단에 따라 행할 뿐이다. 다만 위로는 건강한 삶을 영위할 정도 아래로는 건강한 삶을 해치지 않을 정도면 되리라 본다. 삶은 정신적으로 그리고 육체적으로 건강한 삶을 영위하는 과정이니까 말이다.

노자는 말하길 '크게 곧은 것은 마치 굽은 것처럼 보인다(大直若屈)'고 했다. 대단히 통찰력 있는 말이다. 나는 자주 이 말을 음미해보곤 한다. 절제도 그렇다. 완전한 절제는 마치 절제에서 벗어난 것처럼 보인다. 설총을 낳은 원효의 파탈처럼 말이다.

깨달음의 극치는 율법의 정점이 아니다. 율법의 정점에서 튀어오르는 것이다. 그곳은 또 다른 속세다. 그렇다. 깨달음의 극치는 율법과 속세의 경계를 자유로이 넘나드는 것이다. 그 세계는 율법이 없는 듯 있고 있는 듯 없다. 절제도 그렇다. 그래서 마치 굽은 것처럼 보인다.

나는 가끔 따뜻한 밥 한 그릇 또는 편안한 잠자리에 깊은 고마움을 느끼고 말할 수 없는 행복감에 젖을 때가 있다. 또 마음이 뭉클해지려 한다. 아마도 눈물 젖은 빵을 먹어본 탓이리라. 하지만 가끔 술도 잘 마신다. ㅋㅋ

18장

지혜

경세가는 지혜로워야 한다. 그렇다면 지혜란 뭘까. 지혜는 올바름을 아는 현명함이다. 올바름은 대단히 중요하다. 올바름은 자기 자신을 건강하고 복되게 할 뿐만 아니라 국가도 건강하고 복되게 한다. 올바름을 통하지 않고서는 결코 개인도 국가도 그 목적을 달성할 수 없다. 우리가 타는 목마름으로 올바름을 추구해야 하는 이유다.

지혜롭기 위해서는 무엇보다 먼저 절제해야 한다. 마음속에 욕망이 가득하면 결코 지혜로울 수 없다. 지혜는 태양이고 욕망은 구름이다. 구름이 태양을 가리는 한 태양은 빛을 발할 수 없다. 우리가 탐욕에 사로잡혀 있을진대 어찌 공정할 수 있으며 또 어찌 올바름을 행할 수 있겠는가. 그래서 지혜롭기 위해서는 반드시 절제하지 않으면 안 되는 것이다.

지혜롭기 위해서는 반드시 지식이 필요하다. 그렇다고 지식이 지혜는 아니다. 지식은 필요조건일 뿐 충분조건은 아닌 것이다. 지혜는 보다 포괄적인 것이다. 그래서 지식이 많다고 지혜자라 말하긴 곤란하다. 다만, 지식이 많으면 지혜자가 될 가능성이 높다.

지식은 오직 이성과 과학에 기반한 것이어야 한다. 그렇지 않은 지식은 궤변이요 허구일 뿐이다. 궤변이나 허구를 추구하면서 지혜로울 수는 없다. 이는 오히려 자기 삶을 망치고 세상을 망칠 뿐이다. 예컨대, 신비주의니 페미니즘이니 하는 것들이 대표적이다. 지혜자는 오직 이성과 과학에 기반한 지식을 탐구하고 습득해야 한다. 그리고 이를 일생 동안 지속하여야 한다. 지식 없는 지혜는 없다. 지식은 아무리 강조해도 지나치지 않다.

지혜롭기 위해서는 통찰력이 필요하다. 그리고 통찰력을 얻기 위해서는 반드시 많은 사회 경험이 필요하다. 물론 지식도 필요하다. 지식을 통하여 사회 간접 경험도 하고 통찰력도 얻을 수 있다. 하지만 지식만으론 한계가 있다. 옛말에 '샌님'이란 말이 있다. 사회 경험이 부족하고 세상 물정에 어두운 선비를 이르는 말이다. 통찰력을 얻기 위해선 반드시 많은 사회 경험이 필요하다. 경험보다 좋은 스승은 없다고 하질 않는가.

통찰력은 그 범위가 광범위하다. 일상생활부터 인간의 흥망성쇠 더 나아가 인류의 미래까지도 해당된다. 그 가운데 중요한 것이 세상을 꿰뚫어볼 수 있는 혜안과 인간에 대한 깊은 이해다.

세상을 꿰뚫어볼 수 있는 혜안이 뭘까. 이는 세상사의 흐름을 정확히 파악하고 그에 적절히 대처하면서 미래를 준비하는 것을 의미한다. 고대 도시국가 아테네의 솔론은 명문 귀족 출신이었음에도 불구하고 귀족 정치를 타파하고 부동산 소유에 따른 참정권의 대폭적인 확대를 실시했다. 또한 귀족 출신인 클레이스테네스는 부동산에 근거한 참정권을 폐지하고 모든 시민에게 참정권을 부여하는 직접민주주의를 실현했다. 그 후 아테네는 과두파와 민중파 간의 마찰이 없진 않았지만 비교적 안정을 되찾고 융성하기 시작했다.

스파르타의 리쿠르고스는 스파르타의 아버지라 할 만한 사람이다. 그가 집권하기 전 스파르타는 귀족과 시민들 간의 분열과 내분으로 피비린내 나는 내전이 이어졌다. 그는 집권하자 원로원을 설립하고 원로원 중심의 정치를 펼쳤다. 왕권은 약해지고 그 특권도 사라졌다. 원로원은 세습제가 아니었다. 이는 모든 시민들에게 오픈된 공간이었으며 원로원 의원에 당선되는 것은 시민들에게 있어 일생 최고의 영광이었다. 그 후 스파르타는 평화를 회복하고 그리스 최고의 강국으로 도약했다.

고대 도시국가 로마는 본래 왕정이었다. 왕정이었지만 세습제는 아니었다. 그런데 그 왕정이 점차 말썽을 일으키기 시작했다. 왕이 전횡을 일삼는가 하면 왕위 세습을 둘러싼 내분으로 로마가 위기까지 처했다. 이때 루키우스 유니우스 브루투스는 로마의 왕정을 종식시키고 그 후 500년 동안이나 계속된 로마 공화국의 창시자가 됐다.

카이사르는 로마제국이 점차 확대되면서 원로원에 의한 공화정의 한계를 인식하기 시작했다. 그는 로마가 대제국을 적절히 통치하기 위해서는 왕정으로 나가야만 한다고 생각했다. 그는 피살됐지만 결국 로마제국은 그의 후계자인 옥타비아누스 이후 왕정으로 나아갔다.

정치 체제의 변혁은 결코 쉬운 일이 아니다. 현 상태의 한계적 상황을 명확히 인식하고 미래를 위한 확실한 대안이 있어야만 가능하다. 물론 기득권을 내려놓고 국민 다수를 지향해야 함은 기본이다. 리쿠르고스에 대한 재미있는 일화가 있다. 어떤 이가 그에게 스파르타를 민주 정치로 바꿔야 한다고 주장했다. 그러자 그는 이렇게 말했다. "자네 집안에서 먼저 민주 정치를 실천해 보게나." 돌이켜 보건대 원로원에 의한 통치가 민주정보다 더 나았던 것 같다. 아테네의 황금기를 이룩한 페리클레스도 장기간 독재정치를 했다. 아이러니하다.

중국 한(漢) 고조 유방은 천재 전략가 한신을 등용하여 초패왕 항우를 멸하고 천하를 통일했다. 그는 항우와의 수많은 전쟁을 치르면서 민생 안정을 위해서는 그 자신이 반드시 천하를 통일하지 않으면 안 된다는 사실을 깨달았다. 그는 항우를 멸한 후 그를 위해 헌신했던 한신마저 과감히 제거했다. 유방은 학식은 부족했지만 통찰력에 있어서는 한신보다 뛰어났던 것이다.

도요토미 히데요시는 일본 전국시대를 통일한 영웅이다. 그는 밑바닥 인생을 전전하다 오다 노부나가 휘하의 졸개로 들어갔다. 그는 수많은 전투에서 천재적 지략을 발휘하여 결국엔 일본 통일이라는 대업을 달성했다. 여기까지 그의 통찰력은 대단히 뛰어났다고 할 수 있다. 하지만 통일 후 통치에 있어서는 부족함을 드러냈다. 하지만 도쿠가와 이에야스는 전쟁에서는 최고의 능력을 보여주지 못했지만 통치에 있어서는 최고의 능력을 발휘했다. 그리하여 결국 도요토미 히데요시 정권의 혼란을 끝내고 마침내 260여 년간 지속된 에도 막부시대를 열었다. 통찰력의 차이가 운명의 차이를 만들었다.

최익현은 위정척사파의 거두로서 개화에 적대적이었다. 이는 통찰력 부족 때문이었다. 하지만 박정희 대통령은 일부의 반대를 무릅쓰고 개발 독재를 단행했다. 그리고 한강의 기적을 이루어냈다. 대단히 통찰력 있는 결단이었다 하지 않을 수 없다. 지금 중국도 개발 독재 속에서 비약적 경제 발전을 이루고 있다. 그리고 베트남과 인도가 그 뒤를 잇고 있다.

인간에 대한 깊은 이해는 뭘 의미할까. 중국 춘추전국시대 월왕 구천은 오나라를 멸하고 오월전쟁의 최종 승자가 됐다. 그 일등 공신이 범려와 문종이다. 그런데 월왕 구천은 신하들에게도 시의심이 강한 사람이었다. 범려는 재빨리 이를 알아채고 일등 공신임에도 불구하고 월나라를 도망쳐 살아남았다. 그러나 문종은 범려의 충고를 무시하고 국내에 남아 결국 월왕 구천에게 자결을 강요당했다. 이를 토사구팽(兎死狗烹)이라 한다. 문종은 인간에 대한 통찰력이 부족했다.

이순신 장군은 임진왜란을 승리로 이끈 일등 공신이다. 그럼에도 그는 스스로 죽음을 택했다. 만약 그가 죽지 않고 살았으면 어찌 됐을까. 선조로부터 거대한 상을 받았을까. 아마 그는 십중팔구 위의 문종 꼴을 당하고 말았을 것이다. 하지만 그는 스스로 죽음을 택함으로써 치욕을 면하고 역사의 성웅이 됐다. 이순신 장군은 실로 세상과 인간에 대한 통찰력 모두를 갖추었다고 하지 않을 수 없다.

통찰력을 위해서는 많은 사회 경험이 필요하다. 어떤 이는 여행을 권하기도 한다. 물론 여행이 전혀 도움이 안 되지는 않을 것이다. 하지만 투자에 비해 얻는 것이 너무 적다. 여행이라면 무전여행을 권하고 싶다. 나도 한때 여러 차례 무전여행을 해본 적이 있다. 목숨을 잃을 뻔한 적도 있었다. 많은 도움이 된다.

나는 사회 경험, 특히 사회 밑바닥에서의 처절한 생존 투쟁이 큰 도움이 되리라 본다. 생존의 막다른 골목에서의 처절한 투쟁은 강인한 의지력을 키울 뿐만 아니라 통찰력을 높이고 인간 심성의 고양마저 이루게 한다. 위대한 인물들 거의 대다수가 그런 과정을 거쳤다. 특히 포의에서 몸을 일으켜 중국 천하를 통일한 명 태조 주원장의 경우 청나라 순치제는 그를 중국 역사상 최고의 황제라 칭했다. 최근엔 프랭클린 루즈벨트, 박정희, 김대중 대통령 등이 대표적이다.

또한 지혜롭기 위해서는 유연해야 한다. 자신의 잘못을 알았으면 즉시 시정해야 한다. 아랫사람에게도 사과할 수 있어야 한다. 이는 결코 쉬운 일이 아니다. 하지만 해야 한다. 잘못을 시정하지 아니하고 아집을 부리면 상황이 더 치명적으로 악화되기 때문이다. 유연해야 한다. 지혜는 완고함과는 거리가 멀다. 살아 있는 나무는 휘어지되 죽은 나무는 부러지는 법이다.

또한 새로운 상황 변화에 따른 발빠른 대응력도 필요하다. 임기응변의 능력이 필요한 것이다. 오늘날 세계 각국은 치열한 무역 전쟁을 벌이고 있다. 중국은 아시아인프라투자은행(AIIB)을 설립했고 미국은 환태평양경제동반자협정(TPP)을 체결했다. 또한 국가 간 합종연횡을 통한 패권 경쟁도 치열한다. 예컨대, 우리가 친미를 버리고 친중을 선택하면 미·일이 오히려 세계적으로 고립되는 현상이 빚어질 수도 있는 것이다. 또한 과학기술 문명도 하루가 다르게 변화와 발전을 거듭해 가고 있다. 장기적 국가 비전도 물론 중요하지만 시시각각 변하는 세계 상황에 대한 임기응변의 대응력도 중요하다.

지혜는 중요하다. 지혜는 능력 그 자체라 할 만하다. 부패한 자는 용서할 수 없지만, 무능한 자는 용서할 가치조차 없다. 물론 종교 등에서 말하는 지혜는 지혜가 아니다. 궤변이요 허구일 뿐이다.

지혜자의 특징은 뭘까. 아첨을 모르고 당파를 짓지 않는다는 점이다. 아첨하고 당파 짓는 것은 위법 또는 부당한 방법으로 이권을 탐하거나 기득권을 강화하기 위해서다. 지혜자는 위법 또는 부당한 방법을 사용하여 이권을 탐하거나 기득권을 추구하지 않는다. 항상 올바름을 생각하고 국민 다수를 지향한다. 아첨이나 당파와는 거리가 멀 수밖에 없는 것이다. 아첨하고 당파 짓는 사람들의 특징은 아첨하되 아랫사람에겐 거만하며 당파 짓되 대동단결하지 못한다는 점이다. 하지만 지혜자는 겸손하며 대동단결을 지향한다.

오늘날은 부정부패가 횡행하고 포퓰리즘이 난무하며 온갖 분열이 극심한 세상이다. 진정 올바름은 찾아보기 힘들다. 마치 아테네 민주정의 말기를 보는 듯하다. 사실상 중우정이다. 이런 상황에서는 참된 인재들이 당연히 소외될 수밖에 없겠지만 그들 또한 정치에 냉소적이지 않을 수 없다. 이래저래 국가의 장래가 어두울 수밖에 없는 상황이다. 대한민국이 일제 치하의 암흑에서 벗어난 지 이제 겨우 70년밖에 되지 않았는데 이 무슨 괴변(怪變)이란 말인가.

주변을 살펴보면 널린 게 인재고 밟히는 게 인재다. 진정 대한민국은 무한한 가능성을 가진 나라이고 축복받은 나라다. 그런데 지금 이 인재들이 방치되고 썩고 있다. 통탄할 일이다. 옥타비아누스는 불과 18세의 나이에 카이사르의 후계자가 되어 정적 안토니우스를 격파하고 로마제국의 통일을 달성했다. 당 태종 이세민은 19세에 거병하여 수나라를 멸하고 중국 천하를 통일했으며 조선 태종 이방원은 25세에 정몽주를 격살하고 정국을 장악했다. 그런데 지금 한국의 희망인 2030 젊은층은 어디서 무얼 하고 있는가. 혹여 돈 한 푼에 목숨을 걸고 있지는 않은가. 좌절하고 체념한 채 방황하고 있지는 않은가. 그걸 위해 지금까지 그토록 공부하고 노심초사하며 살아왔는가. 정녕 이대로 주저앉고 말 텐가.

지혜는 어렵지 않다. 마음을 비우고 열심히 노력하면 얼마든지 얻을 수 있다. 물론 얻는다고 다 끝나는 건 아니다. 죽는 순간까지 깨어 있어야만 한다. 끝없는 자기 혁신이 있어야만 하는 것이다. 내게로 오라. 내가 너희를 구원하고 세상을 구원하리라!

19장

결단력

 옛말에 '구슬이 서말이라도 꿰어야 보배'라 했다. 또한 '알고도 행하지 아니하면 모르는 것과 같다'고도 했다. 모두 실천의 중요성을 설파한 말들이다. 아무리 지혜로운들 그것이 무슨 의미가 있겠는가. 실천하지 않는다면 말이다. 실천이 없는 지혜는 무지(無智)나 다름없다.
 실천은 쉽지 않다. 아니 무척이나 어려운 일이다. 그런데 그보다 먼저 해야 할 일이 있다. 바로 마음의 결단이다. 마음의 결단이 있은 후에야 비로소 실천이 있다. 마음의 결단은 자기 자신의 인생 또는 가족을 포함한 모든 것들을 종합적으로 판단하여 이루어진다. 거기엔 실천 문제까지도 포함된다. 따라서 결단력은 판단력과 실천력 모두를 포괄한다.

결단력의 중요성은 아무리 강조해도 지나치지 않다. 중국 후한 말기 대장군 하진은 원소가 수없이 십상시 처단을 건의했지만, 과거 십상시의 도움을 받은 적도 있고 누이동생 하태후의 간청도 있어서 결단을 내리지 못하고 망설이기를 거듭했다. 결국 그는 십상시의 역공을 받아 집안이 도륙당하는 비운을 맞았다.

조선 단종 때 안평대군은 수양대군보다 정치적 우위에 있었다. 정인지와 신숙주를 제외한 대부분의 신료들이 그의 편이었고 백두산 호랑이라 불리던 김종서 장군도 그의 편이었다. 그가 마음만 먹는다면 얼마든지 수양대군을 제거할 수 있었다. 하지만 그는 우유부단했고 결국엔 수양대군의 역공을 받아 비참한 최후를 맞고 말았다.

결단은 어렵다. 살을 베고 뼈를 깎는 아픔이 있을 수도 있다. 아니 죽음까지 각오해야 할지도 모른다. 고대 도시국가 로마에서 왕정을 끝내고 이후 500년간 이어진 공화정을 창시한 사람이 바로 루키우스 유니우스 브루투스다. 그가 공화정을 시작한 후 얼마 안 돼 왕정 복고 음모가 발각됐다. 그런데 그 음모 집단에는 브루투스의 두 아들이 포함되어 있었다. 브루투스는 법대로 두 아들을 사형시켰다. 또한 그 자신도 왕정을 꾀하는 집단과의 치열한 전투 끝에 사망했다. 그런 그의 처절한 결단력이 있었기에 로마는 공화정을 500년 동안이나 지속할 수 있었던 것이다.

결단은 어렵지만 필요할 때는 과감하게 해야 한다. 기회를 놓치면 더 큰 위기가 찾아올 수 있기 때문이다. 결단력은 개인 능력의 총결판이다. 지혜로운 결단은 최상의 능력을 입증하는 것과 같다.

　결단력이 세상을 향한 것만은 아니다. 자기 자신에 대한 결단력도 있다. 사실 자기 자신에 대한 결단력이 우선이고 더 중요하다. 자기 자신에 대한 결단력도 없는 사람이 어떻게 세상에 대한 결단력이 있을 수 있겠는가. 그런데 현실은 그렇지 않다. 자기 자신에 대한 결단력도 없는 사람들이 세상을 다스리겠다고 야단법석이다. 그러니 세상에 혼란만 가중될 뿐 제대로 다스려지는 것이 없다.

　자기 자신에 대한 결단력은 자기 관리 능력을 의미한다. 자기 관리 능력은 끊임없는 자기계발과 자기 혁신을 위한 노력 그리고 어떠한 상황에서도 올바름을 견지할 수 있는 의지를 의미한다. 나는 앞에서 자기계발과 자기 혁신은 우리 유전자가 원하는 것으로서 유전자를 기쁘게 한다고 말한 바 있다. 안일은 건강한 생명체와는 맞지 않다. 우리 유전자에는 두뇌와 육체를 이용한 끊임없는 노동과 자기계발이 프로그램화되어 있다. 자기계발과 자기 혁신을 위한 끊임없는 노력은 비록 힘든 일이긴 하지만 우리 유전자를 기쁘게 하고 건강한 삶을 영위하게 하는 지름길이다.

　중국 은나라 탕 임금은 중국 역사에서 성군으로 유명하다. 그는 자신의 세숫대야에 '일신일일신우일신(日新日日新又日新)'을 적어놓고 매일매일 새로워지기 위해 끊임없이 노력했다고 한다. 이런 분이 어떻게 태평성대를 이루지 못할 리 있겠는가. 또한 그는 즉위 후

7년 동안 계속 가뭄이 들자 마치 자신에게 죄가 있는 양 자신을 철저히 반성하고 더욱 정치에 힘썼다고 한다. 그러자 마른하늘에서 갑자기 큰 비가 쏟아졌다고 한다. 오늘날 가뭄이 들면 하늘 탓이나 하고 그저 정쟁이나 일삼는 천박한 정치인들과는 비교가 되지 않는다.

올바름을 견지하는 것 또한 힘든 일이다. 이를 위해서는 무엇보다도 먼저 가족 및 혈연과의 마음의 인연을 끊어야만 한다. 이는 처절한 결단력이 아니면 할 수 없는 일이다. 하지만 해야 한다. 이를 하지 못하면 올바름은 없다고 해도 과언이 아니다. 가족 및 혈연과의 인연을 끊지 못할진대 어찌 학연 또는 지연 등의 인연을 끊을 수 있겠는가. 그리고 이러한 인연들을 끊지 못할진대 어찌 올바름을 견지할 수 있겠는가. 우리는 루키우스 유니우스 브루투스의 처절한 결단을 각골명심해야 한다.

위의 자기 관리 능력은 극기력이 있어야만 가능하다. 과학적으로도 극기력이 뛰어난 사람은 성공할 확률이 높다고 한다. 자수성가한 분들은 한결같이 극기력이 뛰어나고 자기 관리 능력이 탁월한 분들이다. 장수 노인들도 마찬가지다. 우리가 사회적으로 성공하거나 장수하기 위해서는 극기력 배양에 힘써야 한다.

극기의 극치는 무얼까. 이는 자기 자신을 자기 마음대로 다스리는 것이다. 남을 이기는 것은 어려운 일이다. 하지만 자기 자신을 이기는 것은 더욱 어려운 일이다. 세상에서 가장 강한 사람은 바로 자기 자신을 이기는 사람이다. 자기 자신을 이긴다는 것은 자기 자신을 자기 마음대로 다스린다는 의미이다. 그것이 바로 극기의 극치이다. 그런 상태라야 비로소 끊임없는 자기계발과 자기 혁신을 할 수 있고 어떠한 상황에서도 흔들림 없이 올바름을 견지할 수 있다. 말하거니와 자기 자신을 다스리면 이루지 못할 것이 없다.

극기력은 태어날 때부터 타고나는 사람도 있다. 정말 운이 좋은 사람들이다. 하지만 후천적으로도 얼마든지 배양할 수 있다. 고통을 하나하나 극복해 가다보면 어느새 강해진 자신을 발견할 수 있다. 그 고통은 운동이나 금욕 등을 하는 과정에서의 고통일 수도 있고 삶의 극단적 상황을 돌파해 가는 과정에서의 고통일 수도 있다. 삶의 극단적 상황을 돌파하는 과정에서의 처절한 고통과 이의 극복은 극기력을 향상시킬 뿐만 아니라 통찰력을 키워주고 인간 심성의 고양마저 가져다준다. 운동이나 금욕 따위와는 비교가 되지 않는다. 아름다운 진주를 품는 건 바로 상처 받은 조개다.

극기력 배양을 위해서는 모든 것을 포기하고 싶은 최악의 상황에서도 최선의 선택을 해야 한다. 최선의 선택을 하고 이를 극복하고 또 최선의 선택을 하고 이를 극복하기를 반복한다. 그리하여 마침내 훌륭히 살아남고 성공을 쟁취한다. 바로 이것이 극기력 배양을 위한 비결이자 성공의 비결이다. 자수성가한 분들은 모두 다 이런 과정을 거쳤다.

상처 받은 조개라고 모두 다 진주를 품는 것은 아니다. 어떤 조개는 더 잔악해지기도 한다. 진정 진주 품은 조개가 되기 위해서는 세상의 고마움을 알고 항상 절제하고 올바름을 지향할 수 있어야 한다.

세상을 향한 결단력은 뭘 의미할까. 뜻을 펴는 것이다. 국민 다수가 장기적으로 건강한 삶을 영위할 수 있도록 이 땅에 올바름을 실현하는 것이다. 이를 위해서는 반드시 권력이 필요하다. 그것도 최상위 권력이 필요하다. 지혜자에게 있어 권력의지는 실로 당연하다. 실천 없는 지혜는 무지 이외 아무것도 아니기 때문이다. 지혜자의 권력의지는 사리사욕을 위한 것이 아니다. 창조적 파괴를 통한 새로운 건설을 위한 것이다. 따라서 권력 투쟁은 불가피하다.

권력을 쟁취하는 것은 결코 쉬운 일이 아니다. 아니 불가능에 가까운 일일 수도 있다. 하지만 멈출 수는 없다. 권력이 없으면 아무것도 할 수 없고 그 모든 것이 무의미하기 때문이다. 지혜자에게 있어 권력 투쟁은 필연이다. 결국 지혜자 그룹은 기성 정치권과 대한민국의 운명을 걸고 대승부를 벌일 수밖에 없다.

권력 투쟁은 국민의 대표자로서의 능력을 검증받는 기회이기도 하다. 따라서 지혜자는 반드시 권력 투쟁의 과정을 거쳐 승리자가 되지 않으면 안 된다. 변명은 필요없다. 모든 것은 국민이 결정한다. 진정 지혜롭고 결단력 있다면 그 모든 위험과 난관을 극복하고 다수 국민의 지지를 얻어 권력을 쟁취할 수 있을 것이다.

사람들은 투표에 의한 심판을 말하기도 한다. 일리 있는 말이다. 하지만 이는 일반 국민들이 할 일이지 지혜자가 할 일은 아니다. 지혜자는 어디까지나 권력 투쟁의 당사자이어야 하고 심판의 대상이어야 한다. 지혜자라면 권력 투쟁을 주저해서도 두려워해서도 안 된다. 지혜자에게 권력은 생명과도 같다. 지혜자에게 권력의지는 창조 의지요 자기 완성의 의지다.

지금 대한민국은 총체적 위기 상황에 처해 있다. 국가 지도층의 무능과 부정부패, 국론 분열, 어려운 경제 상황, 무분별한 포퓰리즘, 비정규직 노동자, 청년 실업, 강성 노조, 중소기업 위기, 교육 문제, 남북 문제 등 해결해야 할 난제들이 산더미처럼 쌓여 있다. 그 어느 하나 쉬운 게 없다. 진실로 큰 그림에 큰 칼이 필요한 시점이다. 그런데 기성 정치권은 비전도 전무할뿐더러 무능하고 부정부패하기만 하다. 문제 해결 능력이 전혀 없다. 아니 문제만 더 꼬이게 하고 더 악화시키고 있다. 올바름은커녕 이기주의와 이권만을 탐하기 때문이다.

우리 대한민국은 이 절체절명의 위기 상황을 지혜롭게 극복해야만 한다. 우리 국민들은 이 위기 상황을 극복할 능력이 충분하다. 어떤 이들은 우리 한국민의 자질을 의심하기도 하지만 이는 그들의 자의적 생각일 뿐 사실이 아니다. 우리 한국민은 한강의 기적도 이루었고 IMF 국난도 극복했으며 월드컵 4강에도 진출했다. 우리 한민족은 세계에서 가장 위대한 민족이다. 문제는 오직 국가 지도층의 무능과 부정부패일 뿐이다. 국가 지도층의 전면적 교체가 필요하다 하지 않을 수 없다.

지금 우리 대한민국은 실로 거대한 결단력을 필요로 하고 있다. 오직 올바름으로 국가 대변혁을 시도해야만 한다. 인재는 많고 가능성은 충분하다. 다만, 대의를 위해 사사로움을 버리는 용기, 즉 과단성이 절실히 필요하다. 특히 2030 젊은층의 헌신과 분발이 절대적으로 요구되고 있다. 오늘 한국의 젊은층은 과거 그 어느 때보다 능력과 도덕성이 뛰어나다. 희망의 불덩이 그 자체다. 역사 발전의 주체는 언제나 젊은피였다. 우리 한국의 젊은층은 우리 한민족의 현재와 미래가 그 어깨에 걸려있음을 한시도 잊어서는 안 된다.

우리는 할 수 있다. 아니 반드시 해야만 한다. 풀 한 포기 뽑을 만한 힘이라도 남아있다면 할퀴고 물어뜯으면서라도 전진하고 또 전진해야 한다. 그리하여 결국 승리를 쟁취하여야만 한다. 우리가 이 위기만 지혜롭게 극복한다면 우리 대한민국 앞엔 거대한 기회가 올 수 있다. 예컨대 통일을 이루고 일본을 뒷마당으로 그리고 중국을 앞마당으로 삼아 미국과 대등하게 경쟁할 수 있는 것이다. 어쩌면 미국을 넘어 '팍스 코리아나(Pax Koreana)'를 실현할 수도 있다. 우리 한민족은 능히 할 수 있다.

20장

올바름에 대하여

올바름이 뭘까. 사람들은 국가의 목적이 '정의 실현'이라고 알고 있다. 그렇지만 나는 국가의 목적은 '국민 다수가 장기적으로 건강한 삶을 영위하는 것'이라고 말한 바 있다. 내가 주장하는 국가의 목적은 진보도 보수도 아닌 오직 올바름을 통해서만 달성될 수 있다. 그래서 올바름이 중요하다.

나무를 생각해보자. 나무의 뿌리는 절제다. 그리고 줄기는 올바름이다. 나뭇잎과 열매는 국민이다. 뿌리가 튼튼해야 줄기가 튼튼하다. 그리고 줄기가 튼튼해야 나뭇잎도 무성하고 열매도 풍성하다. 마찬가지로 절제해야만 올바름을 행할 수 있으며 올바름이 행해져야만 국민 다수가 장기적으로 건강한 삶을 영위할 수 있다. 국가의 목적은 오직 올바름이 강물처럼 흐를 때 비로소 달성될 수 있다.

올바름은 오직 절제 위에서만 가능하다. 우리 마음이 탐욕으로 가득할진대 어찌 올바름을 행할 수 있겠는가. 그런데 현실에서 사람들은 정의를 외치고 국민을 외치되 절제하지 않는다. 그러하니 정의도 없고 국민도 없다. 이것이 우리 사회의 현실이고 한계다.

올바름은 공적 영역과 사적 영역으로 나눌 수 있는 바, 그 의미가 사뭇 다르다. 그리고 공적 영역은 다시 공정함과 올바른 선택으로 나눌 수 있다.

공정함은 이미 앞에서 설명한 바 있다. 공정함은 기회의 균등, 각종 성과 평가의 공정함 그리고 분배의 공정함을 일컫는다. 이러한 공정함은 누구나 알 수 있는 것이자 실로 당연한 것이다. 그런데도 이 사회는 이를 제대로 실천하지 못한다. 알되 절제하지 않기 때문이다. 절제하지 아니하면 공정함은 없다고 해도 과언이 아니다. 절제는 실로 알파요 오메가다. 이후 절제 없이 공정함 또는 도덕성을 논하는 자가 있다면 가차 없이 그 목을 베리라.

올바른 선택은 두 가지로 나누어 설명할 수 있다. 하나는 우리가 결코 선택 불가능한 절대적 올바름이다. 삶의 본원적 질서가 그렇다. 이러한 삶의 본원적 질서에는 보호하지 않음과 경쟁, 가족, 남녀의 조화 등이 있다. 이는 국민 다수가 장기적으로 건강한 삶을 영위하기 위해 반드시 필요한 질서다. 그 어떤 희생과 대가를 치르더라도 지켜가야만 하는 숭고한 가치들이다. 그럼에도 현실에선 이런 삶의 본원적 질서가 마치 선택사항인 양 받아들여지고 있다. 무지하기 때문이다. 현대 사회는 과학기술 문명이 빛의 속도로 발전하고 있다. 그렇다면 인간의 삶의 질도 마땅히 더 나아져야만 한다. 그런데 우리 사회는 어느 순간 아노미 상태에 빠져들고 삶의 질은 오히려 더 악화되고 있다. 그것은 인간이 절제하고 건강한 삶을 추구하지 아니하고 탐욕 또는 속세의 행복 따위를 추구하면서 삶의 본원적 질서를 거스르기 때문이다. 말하거니와 우리가 정녕 서로 건강한 삶을 영위하길 원한다면 기본으로 돌아가야만 한다.

나는 여기서 '보호하지 않음과 경쟁'을 다시 한 번 강조하지 않을 수 없다. 지금 우리 사회는 진보와 보수가 대립과 갈등을 빚고 있다. 진보는 무상복지를 주장한다. 이는 분배의 정의에 어긋나는 것으로 포퓰리즘이자 빈자의 이기주의에 지나지 않는다. 보수는 경쟁을 주장한다. 하지만 그들이 주장하는 경쟁은 그들 자신이 아닌 그들을 제외한 나머지 국민들만의 경쟁이다. 보수야말로 가장 경쟁을 두려워한다. 무한 경쟁은 온실 속의 화초나 다름없는 그들과 그들의 자녀들을 즉시 도태시킬 것이기 때문이다. 그들이 진정 원하는 것은 오직 그들만의 안온한 리그요 그것의 영속일 뿐이다. 현재 진보와 보수는 모두 올바름에서 벗어나 있다. 대한민국이 혼란하고 위태로운 이유다.

올바름은 선택의 문제이기도 하다. 우리는 항상 선택의 문제에 부딪힌다. 정치, 경제, 사회, 문화 등 모든 영역에서 우리는 항상 선택을 강요받는다. 이때 어떤 선택을 하느냐에 따라 결과는 크게 달라진다. 국가의 운명이 뒤바뀔 수도 있다. 그래서 올바른 선택은 아무리 강조해도 지나치지 않다.

올바른 선택이 꼭 O, X를 의미하는 것은 아니다. 이는 90 대 10의 문제일 수도 있고 51 대 49의 문제일 수도 있다. 어쨌거나 우리는 매순간 최선의 선택을 하지 않으면 안 된다. 최선의 선택이 곧 올바름이다.

올바른 선택은 항상 일정한 것이 아니다. 때와 장소에 따라 또는 시대 상황에 따라 달라질 수 있다. 예컨대 박정희 대통령의 개발독재도 중국 천안문 사태의 유혈 진압도 올바른 선택일 수 있다. 또한 북한에 대한 쉼 없는 압박도 올바른 선택일 수 있지만 때론 거대한 포용도 올바른 선택일 수 있다. 대범함이 없는 한 통일은 없다. 이처럼 올바름은 고정불변의 것이 아니다. 그래서 올바름을 위해선 항상 유연하고 지혜로워야 한다.

사람들은 다수결을 좋아한다. 마치 다수 의견이 정의인 양 말이다. 하지만 다수 의견은 어디까지나 다수 의견일 뿐 올바름은 아니다. 다수 의견엔 보이지 않는 이기심 또는 감정 등이 섞여있을 수 있기 때문이다. 고대 도시국가 아테네의 뛰어난 인재였던 아리스티데스와 테미스토클레스는 각각 도편추방제에 의해 추방당하는 아픔을 겪었다. 민주정의 폐해이자 다수결의 폐해라 하지 않을 수 없다.

중요한 것은 다수 의견이 아니다. 올바름이다. 그것을 기억해야 한다. 다수 의견이 국가의 목적을 달성하게 하는 것이 아니라 올바름이 국가의 목적을 달성하게 한다. 프로야구 김성근 감독께선 늘상 '지도자는 욕먹을 각오를 해야 한다'라고 말씀하신다. 옳은 말씀이다. 올바름을 위해선 다수 의견도 거스르며 욕먹을 각오를 해야 한다. 어설픈 타협은 무능을 입증하는 이외 아무것도 아니다.

올바름을 위해서는 지혜가 필요하다. 그리고 지혜는 지식, 통찰력, 유연성, 임기응변 등의 많은 능력을 요구한다. 지혜자의 판단이 중요할 수밖에 없다. 우리 사회가 맹목적 다수가 아닌 지혜자의 사회로 나가야 하는 이유이기도 하다.

사적 영역에서의 올바름은 뭘까. 바로 화목이다. 생뚱맞게 들릴지도 모르겠다. 하지만 화목이 맞다. 우리가 올바름을 추구하는 이유는 뭘까. 서로 건강한 삶을 영위하기 위해서다. 다시 말하지만 올바름은 목적이 아니다. 목적 달성을 위한 수단이다. 공적 영역에서는 올바름이 국민 다수로 하여금 장기적으로 건강한 삶을 영위하게 한다. 하지만 사적 영역에서는 화목이 서로를 건강한 삶을 영위하게 한다. 사적 영역에서는 화목이 올바름인 것이다.

일상생활에서 올바름은 별 의미가 없다. 서로 이해하고 양보하는 것이 더 중요하다. 이익보다 손해가, 논쟁보다 공감이, 질책보다 격려가 더 중요한 것이다. 진정 화목을 위해 시시비비 따위는 과감히 버릴 수 있어야 한다. 우리가 이익을 본들, 논쟁에서 승리한들,

질책한들 그것이 무슨 의미가 있겠는가. 상대방의 마음에 상처를 입힌다면 말이다. 단언하거니와 손해, 공감, 격려의 묘미를 제대로 체득한다면 능히 처세의 달인이 될 수 있다. 그런데 이도 절제가 뒷받침되어야만 가능하다. 절제는 실로 알파요 오메가인 것이다.

우리의 목적은 서로가 장기적으로 건강한 삶을 영위하는 것이다. 올바름은 어디까지나 목적 달성을 위한 수단에 지나지 않는다. 만일 올바름이 서로의 삶을 이롭게 하지 못한다면 그것은 이미 올바름이 아니다. 올바름의 진정한 의미를 이해할 수 있어야 한다. 황희 정승의 두 계집종 일화에서, 황희 정승이 두 계집종 모두가 옳다고 한 것은 실로 폭넓은 삶의 경험과 심오한 통찰력에 의한 것이었다. 실로 지혜로운 분이 아니던가.

올바름도 중요하지만 그 실천도 그에 못지않게 중요하다. 실천 없는 올바름은 무의미하기 때문이다. 그런데 민주정 하에서 과연 올바름이 실현될 수 있을까. 민주정의 핵심은 선거제도. 선거는 필연적으로 국론 분열, 포퓰리즘, 부정부패 등을 유발할 수밖에 없다. 민주정은 필연적으로 고대 아테네처럼 중우정으로 흐를 수밖에 없는 것이다. 민주정의 한계다.

민주정의 위대한 인물들은 민주정이 만들어 낸 것이 아니었다. 오직 그 자신의 위대함에서 기인한 것이었다. 하지만 지금 민주정은 국민 대다수의 피선거권을 박탈하고 있다. 위대한 인물이 나올 수 있는 기회마저 막아버리고 있는 것이다. 희망이 있을 수 없다.

나는 지금껏 정치인들이 올바름을 논하는 것을 본 일이 없다. 기껏해야 대화와 타협이다. 그 결과가 오늘의 현실이다. 국가 지도층의 무능과 부정부패, 경기 침체, 국론 분열, 포퓰리즘, 비정규직, 청년 실업, 교육 문제, 남북 문제 등 말이다. 올바름이 실현되고 국가의 목적이 달성될 리 만무하다. 이는 그들이 무능해서이기도 하지만 기본적으로 절제하지 않기 때문이다. 단언하거니와 절제하지 않는 한 올바름도 국가도 없다.

21장
경세가

경세가는 어떤 사람일까. 국가를 경영하는 사람이다. 한마디로 통치자다. 이런 경세가는 절제와 지혜와 결단력을 두루 갖추어야 한다. 신(神)이 존재한다 해도 경세가에서 크게 벗어나지 못할 것이다.

어쩌면 경세가보다 더 절제하거나 더 지혜롭거나 더 결단력 있는 사람이 있을 수도 있다. 하지만 경세가만큼 절제하고 지혜로우며 결단력 있는 사람은 없을 것이다.

그런데 정치인은 어떤가. 그 어떤 내적 자격도 필요치 않다. 오직 국민을 현혹할 만한 화려한 경력과 뛰어난 언변 그리고 재력만 있으면 된다. 하지만 화려한 경력과 재력이 능력과 도덕성을 의미하지는 않는다. 예컨대, 무능하거나 부도덕한 자들도 얼마든지 경력을 화려하게 꾸미고 재력도 있을 수 있는 것이다. 정치인은 세상을 통치할 만한 자격이 없는 사람이다. 사실상 무면허 의사와 같다. 그런데 그런 사람들이 세상을 살리겠다고 난리법석이다. 실로 가소롭다 하지 않을 수 없다.

경세가는 삶을 즐길 수 있어야 한다. 특히 절제를 즐길 수 있어야 한다. 절제를 즐기면 그 모든 것을 즐길 수 있다. 하지만 절제를 즐기지 못하면 그 무엇도 즐길 수 없다. 진정 건강한 삶의 고마움을 안다면 절제를 즐기지 못할 까닭이 없다. 또한 삶을 즐기기 위해서는 이타심이 필요하다. 세상을 이롭게 하는 데서 성취감을 얻고 정신적 충만함에 이를 수 있다면 그 아니 삶이 즐겁지 아니하겠는가.

조선시대에는 유명한 도학자들이 많았다. 서경덕, 조식, 이황, 이이 등 말이다. 이분들을 존경한다. 그런데 그분들은 과연 삶을 즐겁게 살았을까. 그분들이 진정 삶을 즐겁게 살았다면 왜 후학들에게 삶의 즐거움을 가르치지 못했을까. 그 후학들은 즐거운 삶을 마다하고 관료로 나아가 탐관오리들이 됐기 때문이다.

도학자들이 도학에 심취하여 그에 한 치 어긋남 없는 고매하고 엄격한 삶을 살았음을 인정한다. 하지만 그분들은 학문에 경도되어 학문의 진정한 목적을 바로 보지 못했고 삶의 즐거움도 몰랐다. 사실 그분들은 학문의 왕국에 갇혀 고립된 채 마치 여왕벌처럼 지냈을 뿐이다. 가리키는 달은 보지 못하고 손가락만 쳐다본 꼴이다.

그러하니 그 후학들이 학문의 목적도 이해하지 못하고 삶의 즐거움도 모른 채 단지 관료가 되기 위한 지식 습득에나 골몰하고 그 후엔 파당을 짓고 당쟁을 일삼으면서 탐관오리들로 전락한 것은 어쩌면 당연한 귀결이라 하지 않을 수 없다. 이는 도학자들이 진리를 탐구하되 통찰력이 부족했기 때문이다. 그러하니 그 진리란 것들이 모두 헛된 것이 아니고 그 무엇이랴. 오늘날 도학의 명맥이 끊긴 데에는 다 그만 한 이유가 있다 할 것이다.

경세가는 삶을 거침없이 살아야 한다. 실로 자유자재해야 한다. 황희와 맹사성을 보라. 그들은 유학자이자 최고 관료이었음에도 불구하고 그 얼마나 소탈하고 해학적이고 유쾌한 삶을 살았는가. 이분들이야말로 진정한 경세가들이다. 도학자들은 율법에 갇힌 사람들이었던 반면 이분들은 율법과 속세의 경계를 자유로이 넘나든 분들이었다.

경세가는 특별한 사람이 아니다. 진품 다이아몬드지만 모조품 같다. 사실 진품과 모조품의 경계를 자유로이 넘나드는 사람이다. 그래서 마치 모조품처럼 보인다. 하지만 필요한 때가 되면 진품으로서의 위용이 절로 드러난다. 경세가는 그런 사람이다.

경세가는 좋은 사람이 아니다. 올바름을 추구하는 사람이다. 올바름을 위해서라면 그 어떤 결단도 주저하지 않는다. 가족마저도 예외일 수 없다. 진정 올바름은 경세가의 존재 이유다. 그래서 경세가는 그 어떤 분야에서건 탁월한 능력을 발휘하고 훌륭한 업적을 남긴다. 하지만 일상생활에서는 더없이 좋은 사람이기도 하다.

경세가의 주요 목적은 국가 지도층이 되어 국가를 경영하는 것이다. 절제하고 올바름을 실현하여 국민 다수로 하여금 장기적으로 건강한 삶을 영위하도록 하는 것이 그의 목적이다. 하지만 정치가는 권력을 획득하고 향유하는 것이 목적이다.

경세가의 신분은 세습되지 않는다. 당연한 일이다. 또한 경세가에게 사유재산은 허용되지 않는다. 경세가가 되기 위해서는 먼저 자기 자신의 모든 재산을 국가에 헌납해야 한다. 그 후 생활에 필요한 물품들을 국가로부터 빌려 사용한다. 경세가에겐 일정한 월급도 없다. 필요한 만큼 국가에 청구하여 받아쓴다. 이런 말이 있다.

'손에 쥐면 쥔 만큼만 내 것이지만 손을 펴면 세상 모두가 내 것이다'라고.

무릇 경세가는 손을 펴고 세상을 품어야 한다.

경세가 선발은 어떻게 하나. 이는 선거에 의해서도 시험에 의해서도 선발하지 않는다. 경세가들이 각자 개별적으로 제자들을 양성하여 선발한다. 경세가는 통치자로서 절제와 지혜 그리고 결단력 모두를 갖추어야만 한다. 선거나 시험은 이러한 경세가를 양성할 수도 선발할 수도 없다. 고작해야 사회나 좀먹는 빛 좋은 개살구 따위나 선발할 수 있을 따름이다.

사람들은 통치자 선발은 직접선거나 시험에 의하여야 한다고 생각하는 경향이 있다. 그것이 보다 공정하고 객관적인 통치자 선발 방법이라고 생각하는 것이다. 일리 있는 견해다. 일리 있으니까

지금까지 그렇게 해 왔을 것이다. 하지만 이는 앞에서도 지적한 바 있듯이 문제가 많다. 다수 의견이 올바름은 아니다. 다수 의견엔 얼마든지 이기심이나 감정 등이 개입될 수 있는 것이다. 우리나라 선거판이 이를 적나라하게 증명하고 있지 아니한가. 따라서 직접선거에 의해 당선된 자는 통치자로서의 자격이 없을 수 있다. 또한 시험은 오직 지식 하나만을 테스트할 수 있을 따름이다. 하지만 통치자에겐 절제와 지혜 그리고 결단력 모두가 필요하다. 오늘날 민주정이 중우정화하고 국가 지도층이 무능하고 부정부패한 것은 그 선발 방법에 결정적 하자가 있기 때문이다. 우리는 이를 직시할 수 있어야 한다.

경세가 양성을 위한 별도의 교육과정이나 규칙은 없다. 이는 오직 경세가 자신이 스스로 판단해서 행할 뿐이다. 그래서 경세가를 양성하는 방법은 다양할 수 있다. 경세가 양성은 때로 몇 년에서 십수 년이 걸릴 수도 있다. 물론 함량 미달인 사람은 즉시 퇴출된다. 그리하여 최종적으로 경세가로 인정되면 스승의 양자가 된다. 스승은 일정 기간 양자의 후견인 역할을 한다.

경세가 후보는 누구나 될 수 있다. 빈부, 학벌, 지역, 성별 등에 제한이 없다. 실로 완전한 기회의 균등이다. 따라서 개인은 차별 없이 누구나 국가 지도층이 될 수 있으며 국가는 전 국민을 대상으로 뛰어난 인재를 선발할 수 있다. 일거양득이다. 오늘날 민주정에서 피선거권이 모든 국민에게 부여돼 있지만 국민들이 그것을 행사할 기회는 사실상 봉쇄되어 실질적 기회 불균등 사회인 것을 감안하면 경세가 제도는 실로 완벽에 가까운 이상적 제도라 하지 않을 수 없다. 다만 경세가는 자신의 자녀를 자신의 제자로 삼을 수 없다.

현실에서 수많은 젊은이들이 로스쿨이나 각종 고시 등을 통해 국가 고위 공직자가 되고자 수십 년을 공부에 파묻혀 지낸다. 하지만 얻는 건 지식 하나밖에 없다. 지식은 지혜의 일부에 불과하다. 너무 비효율적이지 아니한가. 국가 지도층에겐 절제와 지혜와 결단력, 이 모두가 필요한데 말이다. 우리 사회 국가 지도층의 자질이 얼마나 취약한지 이제 알겠는가. 거기에 더해 요즘은 면접시험의 공정성마저 심히 의심받고 있는 상황이다. 설상가상인 것이다.

하지만 경세가를 국가 지도층으로 선발하면 국가 지도층의 모습이 완전히 달라진다. 절제와 지혜와 결단력을 두루 갖춘 사람들이 국가를 통치하게 되는 것이다. 그들은 절제하고 올바름을 실현하여 국민 다수가 장기적으로 건강한 삶을 영위하는 국가의 목적을 달성할 것이다. 또한 경세가 제도는 현재처럼 국가 고위 공직자 선발을 둘러싸고 벌어지는 과잉 경쟁 및 불공정성 문제 더 나아가 지나친 교육열 문제도 자연스럽게 해결할 것이다.

통치자는 반드시 통치자로서의 자격을 갖추어야만 한다. 오직 통치 자격을 갖춘 통치자만이 절제하고 올바름을 실현하여 국민 다수가 장기적으로 건강한 삶을 영위하는 국가의 목적을 달성할 수 있다. 따라서 모든 정체(政體)는 반드시 이를 최우선으로 고려하여 선택되어야만 한다. 정체(政體)는 수단일 뿐 목적이 아니다. 어떤 특정한 정체(政體)가 절대선은 아니다. 중요한 것은 목적이고 그 목적을 달성할 수 있는 합목적적 수단이다. 특정한 정체(政體)에의 고집과 집착은 고루함 이외 아무것도 아니다. 목적을 달성하는 것은 언제나 인간이다. 인간이 가장 중요하다. 결론은 경세가다.

나는 가급적 많은 경세가들을 양성하길 원한다. 오늘날 우리나라에 뛰어난 능력을 지닌 여성들이 많은 것으로 알고 있다. 대환영이다. 지금 우리 대한민국은 무능하고 부정부패한 국가 지도층의 전면적 교체가 절실히 필요한 시점이다. 수많은 경세가들이 필요한 것이다. 이 주역이 바로 길 잃고 방황하는 수많은 우리의 2030 젊은층이다. 역사는 항상 버림받은 자들의 몫이었다. 버림받은 자들의 눈물과 투쟁이 새 세상을 만들고 역사의 발전을 이뤘다. 그리고 지금 우리는 또다시 그 역사적 순간 앞에 서 있다. 무엇을 할 것인가.

VI부

국가 비전과 전략

22장

민주정의 한계(1)
- 민주정의 위기

　민주정은 어떻게 탄생했을까. 자유, 평등. 박애라는 민주주의 가치를 실현하기 위해 민주정이 탄생한 것일까. 아니다. 민주정은 지배 계급간 권력 투쟁의 결과로 탄생한 것이다. 고대 도시국가 아테네는 본래 귀족정이었다. 그런데 상공업이 발달하면서 이를 통해 부를 축적한 신흥 계급이 등장하게 되었다. 이들은 정치 권력을 획득하기 위해 귀족 세력과 치열한 권력 투쟁을 벌였다. 결국 이들이 귀족 계급에 승리를 거두면서 민주정이 탄생하게 되었다. 근대 유럽의 절대왕정에서도 새로이 부를 축적한 신흥 부르주아 계급이 등장했다. 이들도 정치 권력을 획득하기 위해 국왕 및 귀족 계급과 치열한 권력 투쟁을 벌였다. 그리고 그에 승리하면서 민주정이 탄생하게 된 것이다.

민주정은 이처럼 자유, 평등, 박애의 가치를 위해서도 일반 시민들을 위해서도 탄생한 정치 체제가 아니었다. 부를 축적하면서 새롭게 지배 계급으로 등장한 신흥 계급이 구시대 지배 계급을 물리치는 과정에서 탄생한 것이었다. 결국 민주정은 정치 권력을 둘러싼 계급간 권력 투쟁의 산물이었던 것이다.

어쨌거나 민주정이 도입됨으로써 일반 시민들도 정치 권력을 획득할 수 있게 되었다. 실로 완전한 기회의 균등이 실현된 것이다. 하지만 이는 어디까지나 정치 권력의 단순한 확대를 의미하는 것일 뿐 국가 지도층의 질적 향상을 의미하는 것은 아니다.

물론 민주정의 선거 제도가 국가 지도층의 자질을 조금은 검증할 수도 있다. 하지만 이는 수박 겉핥기 식의 검증밖에 안 된다. 민주정은 최선이 아닌 차악을 선택하는 정치 체제라고도 하질 않는가. 오늘날에도 정당의 목적은 정치 권력의 획득이다. 즉 정당은 권력 투쟁을 위해 존재하는 것이다. 정치가 민주정 이전이나 이후나 변한 게 없다. 국가 지도층의 질적 향상을 전혀 기대할 수 없는 것이다. 결론적으로 민주정은 단순한 정체(政體)의 변화일 뿐 정치의 질적 변혁을 이룬 것은 아니다.

다행히 민주정이 안착된 시기는 경제가 발전하는 단계여서 일반 시민들도 명문대에 진학하고 정치 권력을 획득할 기회가 많았다. 바로 그런 시절에 에이브러햄 링컨이나 박정희 같은 가난한 농부의 아들들이 대통령이 될 수 있었다. 진정한 기회의 균등 속에서

변방의 뛰어난 인재들이 정치 권력을 획득하여 국가를 번영으로 이끌 수 있었던 것이다. 하지만 현재는 이런 기회의 균등이 빛바랜 법전의 글자처럼 희미해져 가고 있다. 이젠 더 이상 제2 또는 제3의 링컨이나 박정희를 기대할 수 없게 된 것이다.

오늘날 민주정은 세계적으로 위기를 맞고 있다. 극소수에 부가 집중되고 있고 중산층은 허물어져 가고 있으며 젊은 인재들이 길거리를 방황하고 있다. 국민 대다수의 피선거권은 박탈되고 각 계층의 신분은 고착화되고 있다. 경제가 정체 상태에 빠진 것도 이유일 수 있다. 하지만 그것만으로는 설명이 부족하다.

나는 앞에서 민주정은 정치 권력의 저변 확대를 가져왔을 뿐 국가 지도층의 질적 향상을 이룬 것은 아니라고 지적한 바 있다. 즉 민주정에서 국가 지도층의 도덕성은 과거 귀족정에 비해 별로 나아진 게 없는 것이다.

이는 민주정 아래서 국가 지도층의 도덕성 검증이 제대로 이루어지지 못하고 있기 때문이다. 사람들은 각종 선거 입후보자의 도덕성을 검증할 때 과거의 잘잘못에만 초점을 맞추는 경향이 있다. 즉 입후보자의 과거에 중대한 도덕적 결함이 없으면 합격이라는 식이다. 하지만 이런 검증은 중대한 결함을 내포하고 있다. 입후보자의 과거에 도덕적 결함이 없는 것은 그가 도덕적이어서가 아니라 부정부패를 자행할 만한 위치에 있지 않아서일 수 있기 때문이다. 이는 대단히 중요한 문제다. 왜냐면 이런 사람들 대부분이 선거에 당선된 후론 서슴없이 부정부패를 자행하기 때문이다.

따라서 입후보자의 도덕성 검증 기준은 그의 과거 사실이 되어서는 안 된다. 미래가 되어야 한다. 즉 입후보자가 미래에 올바름을 행할 수 있을 것인지 여부가 검증 기준이 되어야 하는 것이다. 그렇다면 입후보자가 미래에 올바름을 행할지 여부를 어떻게 알 수 있을까. 바로 절제다. 절제하는 사람이라면 올바름을 행할 가능성이 매우 높다. 설령 그가 과거에 중대한 잘못을 저질렀다 할지라도 현재 절제한다면 그는 올바름을 행할 것이다. 하지만 절제하지 않는 사람은 그의 과거가 결백과 선행으로 가득 차 있고 또한 미래에도 정의와 국민을 위해 목숨을 바치겠다고 맹세할지라도 결코 올바름을 행할 수 없다.

나는 앞에서 모든 도덕성 또는 올바름의 원천은 절제라고 말한 바 있다. 그렇다. 절제 없인 그 어떤 도덕성도 올바름도 없다. 말하거니와 절제하지 않으면서 외치는 그 모든 도덕, 정의, 국민 등은 위선이요 사기일 뿐이다. 아니면 무지의 소치든지. 어쨌거나 절제 없인 올바름은 없다.

인간 역사의 진정한 발전을 위해서는 국가 지도층이 절제해야만 한다. 국가 지도층이 절제하면 국민은 믿지 못할 것이 없고 걱정할 것이 없다. 어떤 특별한 정치 체제가 국가 목적을 달성하고 역사 발전을 가져오는 것이 아니다. 그 운용자가 어떤 사람이냐에 따라 모든 것이 결정된다. 따라서 우리가 진정 고민해야 할 문제는 정체

(政體)가 아니라 인간이다.

　민주정은 기회의 균등을 보장한다. 그런데 우리는 과연 그 기회의 균등을 누리고 있는가. 대한민국 국민 모두는 피선거권이 있다. 즉 각종 선거에 입후보하여 당선될 권리가 있는 것이다. 하지만 정당의 후보로 입후보하여 당선될 수 있는 사람은 극히 일부에 지나지 않는다. 화려한 경력과 재력 그리고 인맥이 있지 않으면 안 되기 때문이다. 따라서 국민 대다수는 피선거권이 있되 이를 행사할 길은 없다. 사실상 기회의 불균등인 것이다.

　하지만 화려한 경력과 재력이 능력과 도덕성을 입증하는 것은 아니다. 마찬가지로 초라한 경력과 재력이 무능과 부도덕을 의미하는 것도 아니다. 무능해도 얼마든지 화려한 경력을 꾸밀 수 있고 초라한 경력에도 얼마든지 능력과 도덕성을 겸비할 수 있기 때문이다. 예컨대, 중국 한 고조 유방이나 명 태조 주원장은 포의에서 몸을 일으켜 난세를 평정하고 새 왕조를 열었다. 역사에서 이런 사람들은 부지기수다.

　오늘날 민주정은 기회 불균등의 사회다. 국민 대다수는 국가 지도층이 될 수 없다. 사실상 구 귀족 사회로의 회귀다. 이는 뛰어난 잠재력을 지닌 수많은 인재들을 사장시킨다. 개인의 불행이자 국가의 불행일 수밖에 없다.

　지금 민주정의 국가 지도층 대부분은 기존의 기득권층이 차지하고 있다. 정치권 등 일부에서는 공공연히 신분 세습마저 이루어지고 있는 실정이다. 그러한 사람들이 절제하고 올바름을 행하여 국민 다수를 위한 정치를 할 리 없다. 그들은 그 무엇보다 그들 자신의 권익을 우선한다. 국가를 포기할지언정 그들 자신의 권익은 포기하지 않는다. 그것이 한치 거짓 없는 진실이다. 현대판 이완용 일파들이라 해도 과언이 아니다. 지금 우리는 그런 사회에 살고 있다. 그리고 앞으로 이런 현상은 더욱 심해질 것이다.

요즘 계층 상승의 사다리를 허하라는 말이 들린다. 사법고시를 존치하여 조금이라도 기회의 균등을 이루자는 주장이다. 일리 있는 말이다. 하지만 회고해 보건대 오늘날의 기회 불균등을 만든 자가 누구인가. 바로 과거의 일반 시민들이었다. 그들이 계층 상승의 사다리를 타고 올라가 기득권을 주장하고 기회 불균등을 야기하고 있는 것이다. 계층 상승의 사다리도 중요하다. 하지만 보다 더 중요한 것은 도덕성이요 올바름이다.

지금 민주정의 위기는 경제 위기에서 기인하는 것이 아니다. 국가 지도층의 위기에서 기인하는 것이다. 즉 국가 지도층이 통치자로서의 자격이 없이 무능하고 부정부패하기 때문인 것이다. 따라서 우리가 현재의 위기를 극복하고 새로운 비상을 하기 위해서는 무엇보다도 먼저 국가 지도층의 질적 변혁을 이끌어내야만 한다. 국가 지도층이 절제하고 올바름을 행하여 국민 다수를 위한 정치를 하도록 현재의 국가 지도층의 선발 방법을 가히 혁명적으로 바꿔야 하는 것이다. 또한 현재의 국민 대다수를 우롱하고 호도하는 형식상의 기회의 균등을 타파하고 전 국민을 대상으로 인재를 선발할 수 있도록 진정한 기회의 균등을 실현하여야만 한다. 그리하여 능력과 도덕성을 겸비했다면 노동자의 아들이나 장사꾼의 딸이라 할지라도 국가 지도층이 될 수 있도록 해야만 한다. 그래야만 희망이 있다. 그런데 누가 앞장서서 이 일을 할 것인가.

23장

민주정의 한계 (2)
― 선거 제도의 폐해

선거 제도는 민주정의 핵심 제도이다. 선거 없는 민주정은 없다. 그렇다면 선거 제도는 당초 기대대로 훌륭한 인재들을 선발하여 민주주의 가치를 실현하고 더 나아가 올바름을 실현하여 국민 다수가 장기적으로 건강한 삶을 영위하는 국가의 목적을 달성할 수 있어야 한다. 하지만 현실은 어떠한가. 우리의 기대를 저버리기 일쑤다. 공자는 말하길, '군자는 화살이 과녁에 맞지 아니하면 돌이켜 자기 자신을 반성한다(射有似乎君子 失諸正鵠 反求諸其身)'라고 했다. 선거 제도는 그 자체의 자해적 속성으로 말미암아 민주주의 가치 더 나아가 국가의 목적을 달성할 수 없다. 이제 우리는 선거 제도의 맹신에서 벗어나 이를 깊이 성찰할 때가 됐다.

민주정에는 각종 선거가 많다. 그 선거에 입후보하여 당선되는 것은 대단히 어려운 일이다. 예컨대 국회의원 선거를 생각해보자. 국회의원 선거에 입후보하기 위해서는 기본적으로 화려한 경력과 막강한 재력 그리고 인맥, 이 모두를 갖추어야만 한다. 그 어느 하나 쉬운 게 없다. 대부분의 개인들에게는 불가능한 일이다. 거기에 정당 공천을 받기 위해서는 치열한 공천 경쟁까지 벌여야 한다.

정당 공천이 곧 당선을 의미하는 것은 아니다. 이제부터 선거 운동이라는 본 게임을 치러야 하는 것이다. 국회의원 당선을 위해서는 실로 험난한 선거 운동 과정을 거쳐야만 한다. 치밀한 전략을 세우고 수많은 선거 운동원들을 거느리고 불특정 다수를 상대로 온갖 아양을 떨어가며 불철주야 선거 운동을 해야 하는 것이다. 거기에 패가망신할지도 모르는 엄청난 선거 자금까지 쏟아부어야 한다. 그러고서도 낙선할 수 있다. 이 얼마나 위험과 간난의 과정인가.

이러한 위험과 간난의 과정을 뚫고 천신만고 끝에 국회의원에 당선된 사람들이 과연 국민을 위해 일하겠는가. 아니 애당초 이들이 국민을 위하고자 국회의원에 출마했겠는가. 절대 아니질 않는가. 신(神)이라 할지라도 이런 과정을 통해 국회의원에 당선된다면 결코 국민을 위해 일하지 못할 것이다. 그런데 우리는 그들에게 국민을 위해 일할 것을 요구한다. 과연 누가 틀린 것인가.

대통령 선거를 생각해보자. 대통령 선거 출마자들은 대선에서 승리하기 위해 갖가지 전략을 세우고 실행한다. 예컨대, 국민을 계층별, 세대별, 지역별, 이익집단별, 남녀별 등으로 세분화하여 이기심이나 감정 따위를 적절히 조장하며 서로 이간질하고 분열시킨다. 나라 꼴이 말이 아닐 수밖에 없다. 이걸 일러 중우정(衆愚政)이라 하는 것이고 고대 도시국가 아테네가 몰락한 직접적 원인이자 철학자 플라톤이 민주정에 절망한 이유이기도 하다.

국가의 각 계층, 각 세대, 각 지역, 각 이익집단, 그리고 남녀는 분열과 반목의 대상이 아니다. 서로 협력하고 조화를 이루어야 할 대상이다. 그리하여 국론 통일과 대동단결을 이루어야 한다. 이를 위해서는 서로의 이기심이나 감정 등을 자극할 게 아니라 애오라지 올바름을 지향하여야 한다. 올바름은 모두를 만족시킬 순 없지만 결국 국민 다수로 하여금 장기적으로 건강한 삶을 영위하도록 하기 때문이다.

그런데 현 정치 상황은 어떠한가. 국가 비전은 없고 끝없는 정쟁만 있다. 국론은 갈기갈기 찢어져 있고 온갖 포퓰리즘이 난무한다. 이는 민주정이 아니라 중우정이다. 플라톤이 절망했던 바로 그 중우정의 전형적인 모습인 것이다. 이런 중우정 속에서 국가가 잘 될 리 있겠는가. 2015년 7월 현재 우리나라의 수출과 수입은 7개월째 동반 감소세를 보이고 있다. 공기업을 포함한 경제 각 부문이 대대적 구조조정이 필요한 상황인데도 전혀 이루어지지 않고 있다. 국민 실질소득은 정체 상태인데도 주택 가격은 오직 부채의 힘으로 상승하고 있다. 사회복지 지출은 기하급수적으로 증가하고 있다. 실로 우리 경제는 거대한 폭풍우 속에서 언제 급작스레 난파당

할지 모르는 찢겨진 배와 같다.

선거 제도를 논함에 정치 자금을 빼놓을 수 없다. 국회의원 출마를 위해서도 선거 자금이 최소 몇 억 소요된다. 국회의원 출마자가 국민을 위한 정치를 하기 위해 패가망신할지도 모르는 거대한 자금을 거저 기부하듯 선거판에 쏟아붓는 것은 아니다. 오직 더 많은 권익을 위해서일 뿐이다. 그렇다면 그들이 국회의원에 당선되었을 때 그들 자신이 사용한 선거 자금의 몇십 배 이상을 보상받고자 온갖 이권에 개입하고 정경유착을 자행할 것이다. 그것이 당연한 것이다.

대통령 선거엔 최소 수천억 원에 이르는 천문학적 선거 자금이 소요된다. 이러한 선거 자금 대부분은 과거 이회창 대선 자금 불법 모금에서 보았듯이 재벌 호주머니에서 나온다. 정치 자금을 받으면 인지상정상 반대급부를 제공하지 않을 수 없다. 재벌에 대한 특혜가 집중되고 기업 구조조정이 벽에 부딪힐 수밖에 없는 것이다.

미국을 보자. 미국은 항상 이스라엘에 약한 모습을 보여 왔다. 마치 다윗과 골리앗 같다. 미국은 이스라엘 건국 이후 2014년까지 이스라엘에 무려 132조 7000억 원을 원조했다. 또한 중동 분쟁에서도 항상 일방적으로 이스라엘 편을 든다. 이는 유대인들이 미국의 정치, 경제, 언론 등에서 막강한 영향력을 행사하기 때문이기도 하지만 유대인 단체가 해마다 거액의 정치 자금을 정치권에 기부하기 때문이기도 하다.

요즘 미국에서는 선거 자금과 관련하여 슈퍼팩(Super Pac)이 문제가 되고 있다. 슈퍼팩은 특정 후보나 정당의 선거 캠프에 속해 있지 않은 정치 외곽 단체로, 정치 자금을 무제한 모금해 특정 후보를 지지한다. 2016년 미국 대선을 앞두고 대선 후보들이 모금한 선거 자금의 절반가량이 400개도 채 안 되는 가문으로부터 기부된 것으로 나타났다. 기부자 집중 현상은 공화당에서 특히 두드러지는 바, 공화당 대선 후보들이나 공화당 쪽 슈퍼팩이 지난 6월까지 모은 자금 가운데 절반 이상이 130개가량의 가문이나 기업인들로부터 나왔다. 선거 자금 모금 경쟁이 치열해지면서 대선 후보들이 점점 더 소수의 최고 부자들에게 의존하고 있는 것이다.

이는 선거에 대한 부자들의 영향력이 더 강화되고 있음을 보여준다. 이를 두고 지미 카터 전 대통령은 "무제한의 정치적 뇌물이 대선 지명전이나 대선의 본질"이라며 더 이상 미국에선 민주주의가 작동하지 않고 있다고 개탄했다.

이것이 민주정의 현주소이자 선거 제도의 병폐다. 선거 제도 하에서 공정성이나 올바름은 거의 기대할 수 없다. 아주 특출한 지도자가 아닌 한 말이다. 물론 그 특출한 지도자는 민주정이 만들어낸 것이 아닌 오직 그 자신의 위대성에서 기인한 것이었다. 현재의 민주정은 중우정 이외 아무것도 아니다.

나는 앞에서 민주정의 선거 제도는 되레 기회 불균등을 야기한다고 말한 바 있다. 민주정에서 피선거권을 행사할 수 있는 사람은 화려한 경력과 막강한 재력 그리고 인맥 이 모두를 갖춘 극히 일부에 지나지 않기 때문이다. 나머지 국민 대다수는 피선거권을 행사할 길이 없다. 사실상 기회 불균등이다. 정당 내에서 이루어지는 물갈이라는 것도 기득권층 안에서 이루어지는 그 나물에 그 밥에 불과하다.

하지만 경력이나 재력 또는 인맥이 부족하다고 능력과 도덕성마저 부족한 것은 아니다. 이러한 것들이 부족해도 뛰어난 능력과 도덕성을 겸비한 인재는 수없이 많다. 오히려 이러한 인재들이 더 능력도 뛰어나고 더 도덕적일 수 있다. 현재 조국으로부터 버림받고 있는 우리 한국의 2030세대는 역사적으로 그리고 세계적으로 가장 뛰어난 능력과 도덕성을 겸비하고 있다. 한국의 희망이자 세계의 희망이다. 우리 사회 기득권층이야말로 빛 좋은 개살구들에 불과하다.

또한 선거는 대중적 인지도가 당락에 큰 영향을 미친다. 그래서 부모의 후광을 업은 무능한 2세 정치인들의 등장을 용이하게 만드는 부작용을 야기한다. 실제로 겉보기만 화려한 무능한 2세 정치인들이 심심찮게 정치 일선에 등장하고 있다. 이런 현상은 앞으로 더욱 빈번해질 것이다. 구 귀족 사회로의 회귀인 것이다. 이런 사람들이 절제하고 올바름을 행하여 국민 다수를 위한 정치를 할 리 만무하다.

선거 제도는 기득권층을 위한 잔치에 지나지 않는다. 국민 대다수는 피선거권이 없다. 투표 또한 외견상으론 투표자의 자유의지로 선택하는 듯하지만 기득권층 후보자들 중 기득권자 하나를 선택해야만 하는 강요된 선택에 불과하다. 정치 무관심층이 갈수록 증가하는 이유다. 선거 제도는 실로 소외된 국민 대다수가 기득권층에게 권력을 바치고 그 권력의 정당성을 부여하는 요식행위에 지나지 않는다. 현재의 민주정은 기득권층을 위한 기득권층의 중우정에 불과하다.

선거 제도의 폐해는 실로 막대하다. 이는 뛰어난 인재를 선발하기보단 악화가 양화를 구축하듯 오히려 선동적이고 이기적인 사람들을 선발하게 한다. 또한 올바른 정치보단 편협한 정치를 하게 한다. 진정 선거 제도 하에서는 신(神)마저도 절제하고 올바름을 행하기 어렵다. 거기에 기회의 균등마저 심히 왜곡된 상태다. 선거 제도는 가히 올바름의 자해적 제도라 할 만하다.

선거 제도는 결코 민주주의 가치도 국가의 목적도 달성할 수 없다. 우리는 스파르타가 그리고 로마가 왜 민주정을 외면했는지 이해할 수 있어야 한다. 또한 아테네가 왜 중우정으로 귀결되지 않으면 안 되었으며 아테네의 민주 시민이던 플라톤마저 왜 스파르타를 그리워하며 철인정치를 갈구했는지를 이해할 수 있어야 한다. 선거 제도는 아름다운 독버섯에 지나지 않는다. 이제 우리는 하루 빨리 이 아름다운 미망에서 벗어나 새로운 희망을 찾아나서야만 한다.

24장

민주정의 한계(3)

– 삼권분립과 민주정의 한계

    삼권분립은 민주정의 핵심 제도이다. 이는 국가 권력을 입법, 사법, 행정의 삼권으로 나누어 서로 견제와 균형을 유지하도록 하여 권력의 오남용을 막고 국민의 자유와 권리를 확보하기 위한 제도이다. 그런데 현재 삼부의 견제와 균형은 제대로 이루어지고 있는가. 또한 국민의 자유와 권리는 제대로 보장되고 있는가.
    삼권분립은 국가 권력 구조를 결정짓는 대단히 중요한 제도이다. 그런데 불행히도 이 삼권분립의 정의에는 국가의 목적이 누락되어 있다. 즉 올바름을 실현하여 국민 다수가 장기적으로 건강한 삶을 영위하는 국가 건설이라는 국가의 목적이 누락되어 있는 것이다. 국가 권력 구조를 결정짓는 정의치고는 허술하기 짝이 없다. 그러하니 국민은 언뜻 충분한 만큼의 자유와 권리를 누리는 듯하지만 그 삶은 갈수록 피폐해져 간다. 목적이 불분명하기 때문이다. 또한 목적이 불분명하니 국민 다수의 삶이 어떻든 삼부 권력층이 특별히 책임질 일도 없다. 우리는 지금 그런 허접한 세상에 살고 있는 것이다.

현재 삼부는 서로 제대로 견제하고 있는가. 사법부는 대통령을 견제하고 있는가. 올바름을 행하고 있는가. 입법부는 대통령을 견제하고 있는가. 올바름을 행하고 있는가. 대통령은 사법부와 입법부를 부당하게 간섭하거나 지배하려 들지는 않는가. 올바름을 행하고 있는가.

이 모두가 다 '아니오'다. 진정 안타깝고도 불행한 일이 아닐 수 없다. 노무현 정부 시절 사법부와 입법부는 한때 대통령과 긴장 관계를 형성하기도 했었다. 평검사들의 반란마저 있었다. 하지만 이는 견제와 균형을 통한 국민의 자유와 권리를 위한 것이 아니었다. 단지 개혁에 대한 반발로 일어난 해프닝에 가까운 사건이었다.

사실 사법부, 입법부, 행정부의 고위 관료들은 모두 기득권층이다. 신판 귀족 계급이다. 이들의 목적은 오직 그들만의 권익을 추구하는 데 있다. 이들은 형식상 삼부일 뿐 실질은 하나의 기득권층에 지나지 않는다. 이런 이들이 개혁을 행하고 국민의 자유와 권리를 존중할 리 없다.

삼부 인사들이 이런 행태를 보이는 것은 실로 당연하다. 생각해 보자. 사법부와 행정부 고위 관료들은 어떻게 탄생하는가. 어릴 때부터 공부에 매진하여 명문고와 명문대를 졸업하고 거기에 국가고시라는 마지막 관문까지 통과해야만 한다. 그들이 수십 년을 세상과 등진 채 악착같이 공부에 매달린 것이 과연 국가와 민족을 위해서였겠는가. 전혀 아니다. 그들은 오직 그들 자신의 입신출세와 속세의 행복을 위해 그런 것이었다. 삼부 인사들이 개혁에 적대적이고 국민 위에 군림하려 드는 것은 다 그 때문이다.

요즘 고위 공직자 인사청문회를 보면 결격 사유에 해당되지 않는 사람이 없다. 엄정하게 도덕성 검증을 한다면 장관 등에 임명될 사람이 단 한 명도 없는 실정이다. 사법부도 예외가 아니다. 정치적 사건을 보면 대부분 공정함에서 벗어나 기득권층 중심의 판결을 한다. 또한 판사가 퇴임하면 1년 안에 수십억을 번다. 이는 공정한 판결을 훼손함으로써 얻는 이익이자 변호사간 기회의 균등을 왜곡하는 것이다. 공정함이 생명인 사법부가 이렇다. 삼부 가운데 가장 반개혁적 집단도 바로 사법부다.

중국 청나라 옹정제는 하루 5시간 정도밖에 잠을 자지 않으면서 백성을 위해 헌신적으로 일한 황제였다. 그의 치하에서 탁월한 능력을 발휘하고 최고의 업적을 남긴 관료들은 모두 과거에 낙방한 사람들이었다. 과거 합격자들은 무능하기 짝이 없었다. 실로 아이러니한 일이 아닐 수 없다.

하지만 이는 당연한 일일 수 있다. 과거 합격이 뛰어난 능력을 입증하는 것은 아니기 때문이다. 과거는 단순히 지식 수준만을 테

스트하는 것이다. 하지만 능력은 절제와 지혜 그리고 결단력 모두를 포괄한다. 지식은 고작 지혜의 일부분에 지나지 않는다. 따라서 과거는 능력의 불완전한 검증일 수밖에 없다. 또한 앞에서 언급한 바 있듯 과거 합격자들의 도덕성은 평균 이하일 수밖에 없다. 옹정제 치하에서 과거 낙방자들이 황제의 신임을 얻고 최고의 능력을 발휘한 것은 어쩌면 당연한 일이다. 나는 삼부 권력층의 능력을 전혀 신뢰하지 않는다. 물론 도덕성은 더 말할 나위도 없다.

삼부의 견제와 균형이 제대로 안 되는 이유는 한국인 특유의 온정적이고 집단주의적 사고방식 때문이기도 하다. 한국인은 혈연, 지연, 학연 등에 취약하다. 이러한 사고방식이 삼권분립을 해체하고 혈연, 지연, 학연 등에 기초한 삼권 야합으로 변질시켜 버리는 것이다. 우리나라의 경우 삼권분립은 이미 형해(形骸)화된 거나 다름없다. 빈 껍데기만 남아 있을 뿐이다.

삼권분립은 철저한 삼권 독립 위에서만 가능하다. 이러한 독립성은 서양인의 개인주의적 사고방식에 보다 적합하다. 한국인의 정서와는 근본적으로 맞지 않다. 우리나라에서 삼권분립의 견제와 균형 기능이 제대로 작동하지 못하는 것은 신판 귀족 계급에도 원인이 있지만 삼권분립 자체가 우리 정서와 맞지 않기 때문이기도 한 것이다.

삼권분립의 견제가 옳은 것인지도 의문이다. 사실 삼부는 통일성이 필요하다. 국가 지도층의 분열은 바람직하지 않은 것이다. 삼부는 통일성 유지를 위해 오히려 대화와 소통을 할 필요가 있다. 물론 그 통일성은 올바름에 의한 통일성을 의미한다.

삼권분립의 견제와 균형은 단지 권력의 오남용을 막기 위한 것이다. 권력 오남용 문제만 없다면 삼부는 불필요한 분열과 갈등보다는 조화와 통일의 길로 나가야 한다. 셋이자 하나이고 하나이자 셋이어야 하는 것이다. 국가가 통일성과 일관성을 유지하기 위해서는 삼부는 조화로운 하나가 되어야 한다.

정당 정치도 문제다. 정당의 목적은 정권 획득이다. 정당은 오직 권력 투쟁을 위해 존재하는 것이다. 그러하니 각 정당은 정권 획득을 위해 수단과 방법을 가리지 않을 수밖에 없다. 국론 분열과 포퓰리즘 그리고 소모적 정쟁은 필연일 수밖에 없는 것이다. 고대 도시국가 아테네도 그렇게 망했고 현재 미국도 민주당과 공화당의 분열과 정쟁이 위험 수준에 도달해 있다.

중국 북송시대 왕안석은 도탄에 빠진 백성들을 구하고자 신법을 제안했다. 사마광은 구법의 대표자로서 신법을 맹렬히 비판했다. 그 후 송나라 조정은 신법파와 구법파로 나뉘어 격렬한 당쟁을 벌였다. 논쟁의 본질은 사라지고 소모적 권력 투쟁만 남은 것이다. 송 휘종 때 채경은 신법파로서 재상이었다. 바로 『수호지』에 나오는 부패한 인물의 전형이다. 그는 신법을 되레 백성들을 효과적으로 착취하는 데 활용했다. 정당 정치도 이처럼 소모적 정쟁과 기득권층 간 밥그릇 싸움으로 귀결될 수밖에 없는 것이다. 정치인들이야말로 정치를 빼면 실업자들 아니던가.

정당도 하나가 될 필요가 있다. 여러 정당간의 불필요한 분열과 반목은 국가와 국민에 해롭다. 물론 그 하나는 올바름으로의 하나다. 올바름을 위한 자유 논쟁은 당연하다. 하지만 종국엔 올바름으로 통일되어야 한다. 일당 독재가 두려운가. 그렇다면 현재 우리나라의 민주정은 사실상 삼부 귀족 계급에 의한 독재가 아니던가. 왜 껍데기만 보고 본질은 보지 못한단 말인가.

중요한 것은 삼권분립이 아니라 절제다. 국가 지도층이 절제하면 삼권분립의 견제와 균형 따윈 필요 없는 것이다. 말하거니와 국가 지도층이 절제하면 독재 권력조차도 결코 권력의 오남용이 없을 것이지만 국가 지도층이 탐욕 또는 속세의 행복을 추구하면 삼권분립 아니 오권분립이라 할지라도 결코 권력의 오남용으로부터 자유롭지 못할 것이다. 그래서 우린 오직 절제로 나아가야만 하는 것이다.

민주정의 삼권분립은 국가 권력의 삼분을 의미할 뿐 권력의 질적 변화를 의미하는 것은 아니다. 오늘날의 민주정은 사실상 삼부 귀족 계급에 의한 독재다. 우리는 이 귀족 계급의 독재와 전횡에 마침표를 찍어야만 한다. 그리고 이 땅에 더 이상의 독재나 권력의 오남용 없이 올바름이 강물처럼 흐를 수 있도록 국가 지도층의 절제를 이끌어내야만 한다.

민주정은 봉건제도를 타도하는 과정에서의 필연적 정치 체제일 수밖에 없었다. 그 당시 상황에서 경세가 그룹에 의한 통치를 주장했다면 그 누가 이를 믿고 받아들일 수 있었겠는가. 민주정은 인류 역사의 필연적 과정일 수밖에 없었던 것이다.

하지만 지금 민주정은 그 한계를 노출하고 있다. 민주정은 정치권력의 저변 확대는 이루었으되 정작 중요한 국가 지도층의 질적 변화는 가져오지 못했다. 아니 기회의 균등도 이젠 먼 옛날 이야기가 되고 있다. 지금 민주정은 민주주의 가치도, 올바름을 통한 국가의 목적도 달성할 수 없음을 스스로 증명하고 있다. 남은 건 중우정뿐이다.

돌이켜보건대 민주정이 올바름을 실현하여 국민 다수로 하여금 건강한 삶을 영위하게 한 때는 오직 탁월한 지도자가 출현했을 때뿐이었다. 그 지도자는 올바름을 지향했고 국민 다수를 위해 노력했다. 이에 저항하는 세력은 힘으로 제압했다. 사실상의 독재였다. 이러한 지도자는 민주정의 산물이 아니었다. 오직 그 개인의 탁월한 위대성에 기인한 것이었다. 하지만 그가 절제했는지는 의문이다. 설령 절제했을지라도 절제의 중요성은 깨닫지 못했다. 그래서 선정은 항상 단기에 그칠 수밖에 없었던 것이다.

민주정이 정치 체제의 마지막 보루일 수는 없다. 민주정은 과거 봉건제도를 타도한 것으로 그 역사적 임무를 훌륭히 완수했다. 하지만 지금 민주정은 그 효용성이 심히 의심받는 상황에 이르렀다. 이제 우리는 뱀이 허물을 벗으며 성장하듯 국가 지도층의 질적 변화를 이끌어낼 수 있는 새로운 정치 체제를 찾아 나서야 할 때가 됐다.

고대 서양에는 다양한 정치 체제가 혼재해 있었다. 아테네의 민주정, 스파르타의 왕과 원로원, 로마의 공화정 등이 그것이다. 모두 다 의미 있는 정치 체제였고 의미 있는 역사적 성과를 거두었다. 비록 아테네가 가장 먼저 망했지만 말이다. 나는 지금까지 그 어떤 역사학자도 스파르타나 로마의 정치 체제를 비판하는 것을 보지 못했다. 역사학자 에드워드 기번은 로마의 공화정을 예찬하기까지 했다. 또한 "자네 집안에서 먼저 민주 정치를 실현해 보게나"라고 말한 리쿠르고스의 촌철살인의 유머는 민주정의 심장을 찌르고도 남음이 있다.

역사는 저절로 발전하지 않는다. 도전과 모험 속에 발전하는 것이다. 민주정도 도전과 모험의 산물이었다. 물론 도전과 모험이 두려운 일이기도 하고 국가를 한때 혼란에 빠뜨릴는지도 모른다. 하지만 곧바로 안정을 되찾고 비약적 발전을 이룰 것이다. 사실 현실 안주와 체념이야말로 가장 위험한 것이다. 이야말로 쇠망을 의미하는 것이기 때문이다. 우리는 굳이 하나의 정체(政體)만을 고집할 필요가 없다. 그것은 고루함 이외 아무것도 아니다. 우리 대한민국은 도전과 모험으로 가야 한다. 중요한 것은 수단이 아니라 목적이고 정체(政體)가 아니라 국민 다수다. 국민 다수를 장기적으로 건강한 삶을 영위하게 하지 못하는 모든 수단은 오직 어리석음의 산물일 뿐이며 존재 가치가 없다. 우리 대한민국은 도전과 모험으로 가야 한다.

   우리는 민주주의의 가치 뿐 아니라 올바름을 실현하고 국가의 목적을 달성할 수 있는 보다 효율적이고 목적지향적인 정치 체제를 찾아야만 한다. 우리 모두는 아테네의 솔론 그리고 플라톤, 스파르타의 리쿠르고스, 로마의 루키우스 유니우스 브루투스 그리고 카이사르가 되길 주저해서는 안 된다. 주저하고 두려워하는 민족에게 미래는 없다. 우리 한민족은 세계에서 가장 위대한 민족이다. 그런 민족답게 두려워 말고 과감하게 앞장서서 미래를 개척해 나가야 한다. 그리하여 세계의 중심에 서고 세계를 주도할 수 있어야 한다.

25장
경세가에 의한 통치

　사람들은 가끔 천국을 생각한다. 그곳은 신(神)이 통치하는 나라다. 그곳의 정치 체제도 민주정일까. 신도 선거에 의해 선출될까.
　모든 전문직 종사자 예컨대 의사, 변호사, 회계사, 변리사, 건축사 등은 국가 공인 자격증이 있다. 자격증이 없으면 해당 업무를 할 수 없다. 자격증은 국가가 그 사람의 업무 수행 능력을 보증하는 증서다. 이러한 자격증 제도는 무능력자들에 의한 사회 혼란을 방지하고 전문 지식인들로 하여금 양질의 서비스를 제공하도록 함으로써 원활한 사회 운영과 민생 안정을 도모하기 위한 것이다.
　그런데 유독 정치인만은 자격증이 없다. 나는 이를 도저히 이해할 수 없다. 정치가 누구나 할 수 있을 만큼 너무 쉽기 때문일까. 아니면 정치는 아무렇게나 해도 괜찮기 때문일까. 정말 정치는 쉽고 아무나 할 수 있는 것일까.

정치의 목적은 올바름을 실현하여 국민 다수로 하여금 장기적으로 건강한 삶을 영위하게 하는 데 있다. 올바름은 이를 판단하기도 어렵거니와 실천하기도 어렵다. 국민 다수로 하여금 장기적으로 건강한 삶을 영위하게 하는 것은 더 말할 나위도 없다. 이는 정치인들이 절제와 지혜 그리고 결단력 모두를 겸비해야만 가능한 일이다. 그런데도 우리는 정치인들에 대해 그 어떤 자격도 요구하지 않는다. 오직 국민에 의해 직접 선출될 것만을 조건으로 한다. 그러하니 무자격 정치인들이 판치고 정치는 엉망일 수밖에 없는 것이다.

요즘 정치인의 자격은 화려한 경력과 막강한 재력 그리고 인맥으로 보인다. 이 셋이 있어야만 비로소 정당 공천을 받아 실제 선거에서 당선될 가능성이 높기 때문이다. 하지만 화려한 경력이나 막강한 재력 따위가 정치인의 자질을 증명할 수 있는 것은 아니다. 무능하고 부도덕해도 얼마든지 화려하게 경력을 꾸미고 재력도 있을 수 있기 때문이다.

정치인에게 필요한 것은 화려한 경력이나 막강한 재력 따위가 아니다. 사실 이런 것들은 속 빈 강정에 지나지 않는다. 정치인에게 진정으로 필요한 것은 올바름을 실현하여 국민 다수로 하여금 장기적으로 건강한 삶을 영위하게 할 수 있는 절제와 지혜 그리고 결단력이다. 도대체 경력이니 재력 따위가 무슨 의미가 있단 말인가.

그런데 정치인이 절제와 지혜 그리고 결단력 모두를 겸비했음에도 현재처럼 선거를 통해 통치자로 선출되어야만 하는 것일까. 이는 의사, 변호사, 회계사, 변리사, 건축사 등이 이미 국가 공인 자격증이 있음에도 불구하고 별도의 선거 과정을 거쳐 전문가가 되라고 강요하는 것과 같다. 의미 없는 옥상옥(屋上屋)인 것이다.

통치자로서의 자격이 있으면 당연히 통치자가 되어야 한다. 굳이 선거 따위를 거칠 필요가 없다. 따라서 절제와 지혜 그리고 결단력 모두를 겸비한 '경세가'는 선거 과정 없이 통치자가 되어야 한다. 신(神)도 마찬가지다. 신도 통치자로서의 자격을 갖추었으면 당연히 통치자가 되어야 한다. 여기에 굳이 선거라는 올바름의 자해적 행사까지 치를 필요는 없는 것이다.

우리는 선거에 대한 맹신적 믿음을 가지고 있다. 직접선거에 의해 내 손으로 통치자를 선출해야만 민주주의가 실현되고 국가의 목적이 달성될 수 있다는 막연한 믿음을 가지고 있는 것이다. 잘못된 교육과 세뇌의 소치다. 이러한 믿음은 우리를 배신하기 일쑤다. 직접선거는 전혀 의외의 결과를 낳기 때문이다.

인간은 기본적으로 생존과 번식을 위해서는 수단과 방법을 가리지 않는 존재이다. 저 사바나 지역의 사자와도 같다. 그래서 시민들은 보통은 이성적이지만 때론 각종 선동 등에 의해 얼마든지 이성을 잃고 이기심이나 감정의 노예가 될 수 있다.

정치인들은 각종 선거에서 승리하기 위해 수단과 방법을 가리지 않는다. 유권자들을 상대로 이기심이나 감정 등을 조장하면서 온갖 분열과 이간질을 획책한다. 그러면 유권자들은 그들의 교묘한 선동 전술에 휘말려 이성을 잃고 이기심이나 감정의 노예가 되어 투표를 하게 된다. 선거가 끝나면 후회하지만 또다시 선거철이 되면 정치인들의 교묘한 선동 전술에 휘말려 이기심이나 감정의 노예가 되기를 반복한다. 특히 우리 한민족은 온정적이고 집단주의적인 성향이 강하여 저급한 선동 전술이 더 잘 먹히는 경향이 있다.

그러면 절제하고 올바름을 지향하는 경세가들은 낙선되고 이기심이나 감정 등을 조장하며 국민을 능욕하는 정치꾼들이 당선될 가능성이 높을 수밖에 없다. 악화가 양화를 구축하는 꼴이다. 선거에 의해 통치자를 선발한다면 천국에서도 신이 탈락하고 죄인이 당선되는 비극적 상황이 발생할 수도 있다. 말하거니와 다수 의견이 올바름은 아니다. 다수 의견은 얼마든지 왜곡될 수 있다. 중요한 것은 다수가 아니라 올바름이다. 오직 올바름만이 국민 다수가 장기적으로 건강한 삶을 영위하는 국가의 목적을 달성할 수 있게 하기 때문이다. 선거 제도는 올바름의 자해적 제도에 불과하다.

경세가는 당연히 통치자가 되어야 한다. 선거 따위는 필요 없다. 중요한 것은 통치자로서의 자격이지 선거가 아니다. 만일 어느 경세가의 자질에 문제가 있다면 개별적으로 그에 대해 적절한 조치를 취하면 된다. 인간사에 완전한 것은 없는 법이니까.

경세가는 당연히 통치자가 된다. 통치자지만 국민이 주인이고 정치인은 머슴인 민주정처럼 머슴은 아니다. 평등한 존재이고 그냥 경세가일 뿐이다. 민주정의 정치인은 말만 머슴일 뿐 실상은 귀족 계급이다. 국민은 단지 그들의 농락의 대상밖에는 안 된다.

민주정은 그 이름부터 틀렸다. 통치자와 피통치자는 주종 관계가 아니다. 역할만 다를 뿐 하나다. 그러할진대 무슨 주인이 있고 머슴이 있단 말인가. 만일 주종 관계가 있다면 그것은 이미 민주주의가 아니다. 민주정은 자가당착에 빠져 있는 것이다. 서구의 인위적 사고방식의 한계다. 있는 그대로 바라보면 될 것을. 어떤 이들은 서구의 이분법적 사고방식을 비판하기도 하지만 이는 정확한 분석이 아니다.

경세가는 국가 지도층을 구성한다. 입법부, 사법부, 행정부의 고위 관료는 모두 경세가로 대체한다. 경세가는 삼부의 국가 권력을 완벽히 장악한다. 경세가에 의한 삼부다. 따라서 형식상으론 삼부이되 실질상으론 일부다. 셋이자 하나이고 하나이자 셋이다. 삼부는 올바름에로의 통일성과 일관성을 위해 대화와 소통을 지향한다. 견제와 균형 따위는 국가 지도층의 질이 낮아 서로 믿지 못하는 하급의 국가에나 있는 일이다. 그렇다고 도덕성이 보장되는 것도 아니다.

경세가에 의한 통치는 플라톤의 철인정치와 유사하다. 하지만 철인은 공허하되 경세가는 실질적이다. 경세가는 절제와 지혜 그리고 결단력 모두를 겸비한 사람이다. 철인 따위와는 비교의 대상이 될 수 없다.

　현재의 입법부인 국회는 그대로 존치된다. 경세가는 비록 직접선거에 의해 선출되는 것은 아니지만 국민 모두가 차별 없이 경세가가 될 수 있는 진정한 기회의 균등 속에서 양성된다. 오늘날 민주정에서 국민에게 부여된 피선거권이 무늬만 완전한 기회의 균등인 채 사실상 기회의 불평등인 것을 고려하면, 경세가에 의한 국회야말로 현행 직접선거에 의한 국회보다 오히려 더 국민 대표성이 있다 할 것이다.

　새 국회에 정당은 없다. 국회는 정당 없이 그냥 하나다. 오직 올바름을 지향할 뿐이다. 하지만 오늘날의 보수와 진보는 올바름이 아닌 계층, 세대, 지역, 각종 이익집단, 남녀 등의 이기주의를 지향하고 감정에 호소한다. 사실상의 중우정이다. 앞으로 이런 중우정은 사라져야 한다. 국가는 모름지기 소모적 정쟁과 분열이 아닌 올바름을 지향하여야 한다. 그리하여 올바름으로 하나 되어야 한다.

　새 국회는 경세가 대표들의 모임으로 의원 수는 300명 정도로 한다. 장차관 등 삼부의 최고 지도층을 역임한 사람들은 당연히 국회의원이 된다. 또한 참신한 인재 발굴을 위해 30대, 40대에게도 100명 이상의 인원을 할당한다.

　새 국회의 역할은 입법과 국가적 사안의 토의 및 결정이다. 현재 국회의 역할과 유사하다. 다만, 새 국회는 인재 풀(pool)의 역할까지 한다는 점에서 현재의 국회와 큰 차이가 있다. 이는 로마 공화정의 원로원과 유사하다. 다만, 로마의 원로원 의원은 세습제지만 경세가는 세습제가 아니다.

　새 국회는 이전처럼 행정부를 견제하거나 감독하지 않는다. 행정부는 이미 절제와 지혜와 결단력을 두루 갖춘 경세가들이 운영하고 있다. 견제나 균형 따위가 필요치 않은 것이다. 새 국회는 오히려 행정부나 사법부와 충분히 대화하고 소통하여 올바름에 의한 하나를 이루면서 서로 긴밀하게 협력하고 지원한다. 그래서 국회의원은 자유롭게 행정부나 사법부를 넘나들 수 있는 것이다.

　국회의원은 본인이 원하면 삼부 어디든 자유롭게 자리를 옮겨 다닐 수 있다. 예컨대, 국회에서 사법부나 행정부로 또는 행정부 내에서 여러 부서를 제한 없이 옮겨다닐 수 있는 것이다. 그러면 국회의원들은 다양한 국정 체험을 하여 국가를 보다 조화롭고 완벽하게 통치해 나갈 수 있다. 새 국회의 인재 풀 기능은 마치 마르지 않는 샘처럼 국가에 유능한 인재를 끊임없이 공급하게 될 것이다.

　대통령은 경세가들만의 투표에 의하여 선출한다. 간접선거다. 이는 국민에 의한 직접선거의 폐단을 방지하기 위함이다. 경세가들은 일반 시민들과는 달리 오직 올바름에 입각하여 대통령을 선출할 것이다.

　대통령 입후보는 오직 경세가만 할 수 있다. 당연한 일이다. 그런데 경세가는 아니지만 절제와 지혜와 결단력을 겸비한 뛰어난 인물이 있을 수 있다. 이런 사람이라면 당연히 대통령에 출마할 수 있어야 한다. 이를 위해서는 경세가의 양자로 입적하면 된다. 그러면 곧바로 경세가가 되고 대통령에도 출마할 수 있다. 경세가는 올바름을 추구하는 사람이다. 경세가들은 편견 없이 훌륭한 인재를 대통령으로 선출할 것이다. 물론 경세가가 되기 위해서는 사유재산을 국가에 반납해야 한다. 경세가에겐 사유재산이 허용되지 않기 때문이다.

대통령의 임기는 4년 연임으로 한다. 임기 중간에 반드시 국민에 의한 신임 투표를 실시하여야 한다. 그리하여 권력의 정당성과 국민의 신임 여부를 검증받아야 한다. 불신임되면 즉각적으로 사퇴한다.

사람들은 풀뿌리 민주주의를 말하기도 한다. 일반 시민들에 의한 직접정치를 주장하는 것이다. 그 진정성은 이해한다. 하지만 이는 탁상공론에 불과하다.

일반 시민들의 능력과 도덕성은 사람들이 상상하듯 그리 훌륭한 편이 못 된다. 아파트 관리비의 비리만 봐도 이를 잘 알 수 있지 아니한가. 또 작금의 지자체의 무능과 부정부패도 심각한 수준이다. 일부 시민들은 쓸데없이 세금이나 축내는 지자체 인사들을 아예 없애 버리자고까지 주장한다. 정치는 아무나 할 수 있는 일이 아닌 것이다.

민주정은 미신이다. 그것은 자격 있는 통치자를 선발하지도 못할 뿐더러 올바름도 국가의 목적도 달성할 수 없다. 민주정은 단지 지배 계급간 권력 투쟁의 산물이었지 올바름이나 국가의 목적을 달성하기 위한 것이 아니었다. 지금도 정당의 목적은 정치권력의 쟁취이고 정치인들은 정치 권력 쟁취를 위해 소모적 정쟁에 여념이 없다. 중이 염불에는 관심 없고 잿밥에만 관심 있는 꼴이다. 올바름이나 국가의 목적이 달성될 리 만무하다.

미신은 반드시 그 한계를 노출하고 퇴치되기 마련이다. 오늘날 민주정의 위기는 시민의 자질 부족에서 기인하는 것이 아니다. 오로지 잘못된 정치 체제에서 무자격 정치인들이 양산되는 데서 기인하는 것이다. 민주정의 한계라 하지 않을 수 없다.

경세가 그룹에 의한 통치로 가야 한다. 경세가 그룹에 의한 통치야말로 최선의 정치 체제이자 역사적 필연이다. 천국이 있다면 아마 그곳의 통치도 경세가 그룹에 의한 통치일 것이다. 신도 경세가에서 크게 벗어날 수 없고 천국도 경세가 그룹에 의한 통치에서 크게 벗어날 수 없다. 실로 경세가 그룹에 의한 통치만이 민주주의 가치 뿐 아니라 올바름을 실현하고 국민 다수가 장기적으로 건강한 삶을 영위하는 국가의 목적을 달성할 수 있다.

망설일 필요도 두려워할 필요도 없다. 두드리는 자에게 열리고 도전하는 자가 성취하는 법이다. 올바름은 반드시 승리한다. 우리 한민족은 위대한 민족이다. 반드시 이기심과 감정 등을 극복하고 올바름으로 되돌아올 것이다. 그리고 경세가 그룹에 의한 통치를 실현할 것이다. 우리 한국이 경세가 그룹에 의한 통치를 행하면 세계 각국도 우리를 본받고자 뒤따를 것이다. 그러면 자연스레 팍스 코리아나(Pax Koreana)가 실현되고 비로소 세계도 올바름으로 하나 될 것이다.

나는 믿는다. 고로 외길을 간다. 경세가를 양성하고 경세가 그룹에 의한 통치를 실현할 것이다.

26장

과학기술 혁명

요즘 우리나라 경제를 걱정하는 사람들이 많다. 2015년 7월 현재 수출은 7개월째, 수입은 10개월째 감소세를 보이고 있다. 더 큰 문제는 중국을 포함한 세계 경제가 저성장의 늪으로 빠져드는 가운데 그 어떤 돌파구도 보이지 않는다는 점이다.

지금 우리나라 경제는 중국과 미국 또는 중국과 일본 사이에 낀 샌드위치 상황에 처해 있다. 중국의 기술력은 우리나라 턱밑 수준까지 치고 올라왔다. IT 산업에서 중국의 발전은 눈부시다. 사물인터넷(IoT)에서 우리나라가 중국에 치일 수 있다는 전망까지 나오고 있는 실정이다. 하드웨어는 중국에 그리고 소프트웨어는 미국에 치여 절망적인 상황이 초래될 가능성이 높아진 것이다. 거기에 일본 상품은 엔저 흐름을 업고 가격 경쟁력까지 높아졌다. 실제로 미국 시장에서 한국산 자동차와 일본산 자동차의 가격차는 거의 없는 상태다. 지금 우리나라 경제는 미·중 또는 중·일 사이에서 압사 당할 위기에 처해 있다.

물론 예전에도 이런 샌드위치 상황이 없었던 것은 아니다. 그땐 중국은 기술 경쟁력이 그리고 일본은 가격 경쟁력이 부족했다. 우리나라는 그 사이에서 어느 정도의 숨통이 트일 수 있었다. 하지만 지금은 그 기술과 가격의 격차가 매우 좁혀졌다. 거의 숨 막힐 지경이 된 것이다. 어쩌면 중국이 순식간에 우리나라를 기술에서 앞서 나갈 수도 있다. 지금은 예전과 비교할 수 없을 정도로 위기 상황이 되어 버린 것이다.

우리가 이 위기 상황을 돌파하기 위해서는 오직 하나, 기술밖에 없다. 즉 과학기술의 비약적 발전 외에는 달리 길이 없는 것이다. 여기서 우리는 먼저 일본을 목표로 할 수도 있다. 그러면 일본을 따라잡을 수도 있을 것이다. 하지만 바로 그 너머에 미국이 버티고 있다. 그리고 뒤에서 중국과 일본이 바짝 뒤쫓아온다. 결국 우리는 미국을 추월하지 않고서는 희망이 없는 것이다.

우리의 목표는 미국이 될 수밖에 없다. 1990년대 일본은 금방이라도 미국을 추월할 것처럼 흥분에 빠졌었다. 하지만 곧바로 주저앉고 오히려 미국에서 멀찌감치 멀어져버렸다. 그리고 그 사이 한국이 밑에서 무섭게 치고 올라왔다. 지금 일본이 엔저에 힘입어 반짝 호경기를 맞고 있지만 언제 한국이나 중국에 추월당할지 모른다. 미국을 제때 추월하지 못한 대가다. 한국이나 일본은 미국의 벽을 넘지 못하는 한 희망이 없다. 동병상련의 입장이다. 어쨌거나 문제는 미국이다.

우리가 미국을 추월하는 것이 불가능한 일만은 아니다. 우리는 이미 반도체, 스마트폰, 가전제품 등 일부 IT 산업에서 미국을 압도하고 있다. 얼마든지 미국을 뛰어넘을 수 있는 것이다. 또한 우리나라는 IT 산업에서 미국과 대등하게 경쟁할 수 있는 세계 유일의 국가이기도 하다. 일본은 이미 IT 산업에서 낙오한 거나 다름없다.

미국을 추월하기 위해서는 신기술이나 신소재로는 안 된다. 이는 잘 해야 미국과 대등한 수준밖에는 될 수 없다. 따라서 우리가 미국을 확실히 추월하기 위해서는 혁명적 신기술 또는 혁명적 신소재에 도전해야만 한다. 우리는 혁명적 과학기술에 도전해야만 하는 것이다. 이는 우리에게 피할 수 없는 운명이다. 우리가 혁명적 과학기술을 성취하느냐 못하느냐에 따라 우리와 미국의 운명은 극명하게 엇갈린다. 성취하면 우리의 기세가 욱일승천하는 만큼 미국의 운명은 쇠락할 수밖에 없다.

그렇다면 우리는 어떻게 해야 혁명적 과학기술을 성취하여 미국을 추월할 수 있을까. 과연 비결이 있을까. 있다. 바로 양궁과 여자 골프에 그 답이 있다.

현재 우리나라 양궁과 여자 골프는 세계를 압도하고 있다. 양궁은 매 올림픽마다 금메달 3개는 딴다. 전 종목 금메달을 딴 적도 있다. 여자 골프는 그 이상이다. 한국 여자 골프는 2015년 8월 현재 LPGA 대회에서 무려 14회나 우승을 달성했다. 거의 싹쓸이에 가깝다. 또한 LPGA 세계 랭킹 5위 안에 한국인 선수가 무려 4명이나 포진해 있다. 미국 여자 골프는 한국 여자 골프에 완전히 압도당한 상태다.

이는 골프 역사상 전무후무한 대사건이다. 지금까지 LPGA는 미국 여자 골프가 지배해왔다. 그런데 한순간에 이런 대역전 현상이 벌어진 것이다. 이는 거의 기적에 가까운 일이다. 미국 언론에서도 이에 경악을 금치 못하고 있다. 일본의 경우 우리보다 골프 역사도 훨씬 깊고 골프 인구도 훨씬 많다. 또 LPGA에도 우리보다 훨씬 앞서 진출했다. 그럼에도 한해 겨우 1~2개 대회에서 우승할 정도다. 일본에게 미국은 결코 넘지 못할 벽이다. 마치 지금의 경제처럼 말이다. 그런데 한국 여자 골프는 단숨에 미국 여자 골프를 무너뜨려 버렸다.

이는 우리 한민족의 위대성을 단적으로 증명하는 것이다. 무슨 더 이상의 긴 설명이 필요하겠는가. 우리는 과학기술 분야에서도 이처럼 얼마든지 미국을 압도할 수 있다. 일본은 못해도 우리 한국은 할 수 있다. 미국을 추월할 수 있는 국가는 세계에서 오직 한국밖에 없다. 아니 우리 한국은 조만간 미국을 제치고 세계 최강국이 될 것이다. 나는 믿어 의심치 않는다.

그렇다면 우리나라 양궁과 여자 골프가 세계를 제패하게 된 비결은 뭘까. 세 가지다. 첫째는 다수 정예다. 즉 두터운 선수층인 것이다. 두터운 선수층은 재능이 뛰어난 선수들을 보다 많이 확보할 수 있을 뿐만 아니라 치열한 경쟁을 유발하여 선수들의 실력을 향상시킨다. 둘째는 유소년 시절부터의 체계적 선수 양성이다. 우리 선수들은 유소년 시절부터 부모의 헌신적 뒷바라지 아래 보다 체계적으로 운동에 전념한다. 그러니 세계 최고가 될 수밖에 없는 것이다. 셋째는 성공에 대한 충분한 보상이다. 뛰어난 성적을 낸 선수들에게는 충분한 보상이 주어진다. 이 세 가지가 우리나라 양궁과 여자 골프를 세계 최강으로 이끈 비결이다.

과학기술도 이를 벤치마킹하면 된다. 먼저 연구개발 인원을 대폭 늘려 다수 정예로 나가야 한다. 우리가 미국을 추월하기 위해서는 미국보다 연구개발 범위는 더 넓게 그리고 연구개발 깊이는 더 깊게 해야 한다. 그러려면 미국보다 더 많은 연구개발 인력이 있어야만 하는 것이다.

그런데 지금 우리나라는 과학고도 과학기술 전문대학도 너무 적기만 하다. 소수 정예를 표방하고 있기 때문이다. 이 얼마나 어리석고도 위험천만한 짓인가.

과거 한국 바둑은 세계를 지배했었다. 그런데 요즘 한국 바둑은 중국에 밀리고 있다. 그 주된 이유는 한국 바둑이 소수 정예를 지향하고 있기 때문이다. 중국은 어린 프로 기사들이 무수히 많다. 거의 인해전술에 가깝다. 그런데 한국은 어린 프로 기사들이 너무 적다. 어린 프로 기사들을 너무 적게 선발하기 때문이다. 그렇다 보니 수적 열세는 물론이려니와 뛰어난 인재들이 처음부터 아예 바둑을 포기해 버리는 상황까지 발생한다. 한국 바둑은 이래저래 중국에 밀리지 않을 수 없는 상황이 되고 만 것이다. 소수 정예의 소치다.

소수 정예는 망국의 지름길이다. 그 어떤 위대한 민족도 소수 정예로는 세계를 제패할 수 없다. 설혹 그런 일이 있을 수 있다 할 지라도 그건 기적에 가까운 일로 결코 장기간 지속될 수는 없다. 그것이 소수 정예의 한계다. 따라서 우린 오직 다수 정예로 나가야만 한다. 우리 한민족은 세계에서 가장 위대한 민족이다. 그런 한민족이 다수 정예를 지향한다면 과학기술 분야에서 세계 정상에 서는 것은 여반장이다.

따라서 우리는 과학을 좋아하고 조금이라도 과학에 재능이 있는 학생이라면 그 누구라도 과학도가 될 수 있도록 과학고 수를 획기적으로 늘려야 한다. 또한 과학고도 현행처럼 일률적인 일반 과학고가 아닌 분야별로 세분화된 과학고로 재편되어야 한다. 예컨대, 반도체 과학고, 소프트웨어 과학고, 자동차 과학고, 우주항공 과학고, 화학·신소재 과학고, 생명공학 과학고 등 말이다. 이런 다양한 종류의 과학고들이 중첩적으로 수없이 많이 생겨야 한다. 실로 다수 정예로 나가야 하는 것이다.

또한 과학고는 현행처럼 단순히 과학 지식의 습득이나 대학 입시를 위한 공부의 장이 되어서는 안 된다. 이는 학생들로 하여금 과학의 흥미를 잃게 할 뿐만 아니라 아까운 고교 3년을 허송세월하게 한다. 이래서는 희망이 없다. 과학고는 학생들이 자유롭게 연구개발을 할 수 있도록 철저히 연구개발 중심의 학교로 나가야 한다. 그래서 고등학생도 뛰어난 연구원이 되고 벤처기업도 창업할 수 있도록 해야 한다. 빌 게이츠도 고교 때부터 컴퓨터광이었으며 하버드대를 중퇴하고 마이크로소프트 사를 차린 바 있다.

동일한 차원에서 과학기술 전문대학도 과학에 재능 있는 모든 학생들이 과학고에 이어 대학에서도 마음 편히 연구개발에 전념할 수 있도록 그 수를 충분히 늘려야 한다. 과학기술을 공부하고자 하는 그 어떤 사람도 탈락하는 일이 발생해서는 안 된다. 그 누가 제2의 빌 게이츠가 될지 누가 알겠는가.

과학기술 전문대학도 반도체 공대, 소프트웨어 공대, 자동차 공대, 우주항공 공대, 신소재 공대, 생명공학 공대 등 보다 세분화되고 특화된 대학들로 재편될 필요가 있다. 연구개발의 전문성과 집중도를 높이기 위해서다. 또한 이런 전문대학들이 중첩적으로 생겨야 한다. 우리는 오직 다수 정예로 나가야 한다. 그래야만 치열한 경쟁을 통해 혁명적 신기술 또는 혁명적 신소재가 보다 빠른 시일 내에 무수히 쏟아져 나올 수 있다.

다수의 과학기술 인재 양성만으로 모든 것이 해결되는 것은 아니다. 그들에게 확실하고도 충분한 보상이 주어져야만 하기 때문이다. 충분한 보상이 주어지지 않으면 사람들은 과학도가 되기를 주저하거나 기피하게 될 것이다. 따라서 성공자들에게는 놀랄 만한 충분한 보상이 이루어져야만 한다.

이를 위해서는 무엇보다 먼저 지적재산권의 확실한 보호가 선행되어야만 한다. 지금 우리나라는 지적재산권 보호가 너무나 부실하기만 하다. 특히 대기업의 중소기업 지적재산권의 무단 복제나 도용 등은 위험 수준에 도달해 있다. 대기업의 횡포로 인하여 중소기업들이 아예 연구개발을 포기하는 실정이다.

이는 도저히 용납할 수 없는 일이다. 공들여 개발한 지적재산권이 무단 복제되거나 도용된다면 그 누가 연구개발을 하려 들겠는가. 그리고 사람들이 연구개발을 하지 않을진대 어떻게 과학기술이 발전할 수 있겠는가. 지금 우리나라 과학기술이 창조적이지 못하고 정체돼 있는 것도 대기업에 의한 무분별한 중소기업 기술 가로채기에 그 원인이 있다.

사실 대기업은 창조적이지 못하다. 관료주의 병폐로 모험을 두려워하고 의사결정이 더딘 데다 기존의 거대한 제조 시설로부터도 자유로울 수 없기 때문이다. 그래서 창조는 중소기업으로부터 나올 수밖에 없다. 그런데 창조적이어야 할 우리 중소기업이 대기업의 기술 가로채기로 인하여 무기력 상태에 빠져 있는 것이다. 실로 우리 대한민국의 미래가 암담할 수밖에 없는 상황이다.

우리나라가 거국적인 연구개발 풍토를 만들어서 혁명적 신기술 또는 혁명적 신소재를 보다 빨리 개발하기 위해서는 지적재산권의 확실한 보호가 선행되어야만 한다. 만일 대기업이 필요한 지적재산권이 있다면 이를 정정당당하게 사들이면 된다. 미국에서도 뛰어난 기술 하나밖에 없는 기업이 수백억 또는 수천억 원에 거래된다. 그래서 기술 하나로 하루아침에 돈방석에 앉는 사람들이 비일비재하다. 우리나라도 미국처럼 지적재산권 거래가 활성화되어야 한다. 그리하여 뛰어난 기술 하나 개발하면 수백억 원을 벌 수 있는 풍토가 되어야 한다. 물론 기업을 증권시장에 상장해서 대박을 터뜨릴 수도 있다. 이렇게 확실하고도 충분한 보상이 이루어질 때 비로소 우리나라의 과학기술은 혁명적으로 발전할 수 있다.

우리나라의 미래는 벤처기업에 달려 있다고 해도 과언이 아니다. 현재 미국 경제도 벤처기업이 이끌어가고 있다. 아마존, 애플, 구글, 페이스북, 테슬라 같은 벤처기업들이 미국 경제를 주도하고 있는 것이다. 우리나라에서도 이처럼 시가 총액이 수십조 내지 수백조 원에 달하는 벤처기업들이 무수히 나와야 한다. 또한 하루에도 수백 개의 벤처기업들이 우후죽순 창업되어야 한다. 그리하여 우리나라 경제를 활성화하고 주도해나가야 한다. 우리나라 대기업은 이미 한계 상황에 도달했다. 더 이상 성장 동력이 되지 못한다. 그런데도 정부는 대기업만 쳐다보고 대기업 위주 정책만 고집하고 있다. 이를 일러 '삽질한다'라고 한다.

벤처기업이 활성화되기 위해서는 벤처기업에 보다 많은 자금이 집중되고 투자될 수 있어야 한다. 이는 충분히 가능하다. 2015년

6월 현재 우리나라 단기 부동자금은 900조 원에 가깝다. 이 중 절반인 450조 원만 벤처기업에 투자되어도 우리나라는 하루에도 수백 개의 벤처기업이 탄생하고 매년 수백 개의 벤처기업이 코스닥이나 나스닥에 상장되는 가히 벤처 공화국이 될 수 있다.

따라서 국가는 이러한 단기 부동자금이 벤처기업에 투자될 수 있도록 총력을 기울여야 한다. 벤처기업 투자 수익에 대해서는 전액 비과세도 할 수 있어야 하며 극단적으로는 투자 손실의 일정 부분을 국가가 보상하는 것까지도 고려해야 한다. 국가는 벤처기업 활성화를 최우선 과제로 선정하고 이를 위해 올인해야 한다. 바로 거기에 우리 한민족의 운명이 걸려 있다 해도 과언이 아니다.

아직 이 정도로 부족하다. 벤처기업이 개발한 혁명적 신기술 또는 신소재에 의한 신제품은 곧바로 대량생산 체제를 갖추어 미국, 중국, 일본 등을 동시적으로 공략할 수 있어야 한다. 유사품이나 모조품이 시장 질서를 어지럽히기 전에 일시에 전 세계 시장을 지배할 수 있어야 하는 것이다. 그러면 벤처기업 규모도 거대해지고 더 많은 벤처 투자금이 쌓여 벤처기업은 더욱 활성화될 것이다. 따라서 국가는 벤처기업의 신제품이 곧바로 대량생산되어 일시에 전 세계 시장을 지배할 수 있도록 생산부터 유통 및 판매에 이르는 전 과정을 일사분란하게 총력적으로 지원할 수 있는 완벽한 지원 체계를 갖추어야만 한다.

우리나라가 이런 상태가 되면 코스닥 지수는 족히 10,000포인

트를 넘기고도 남을 것이다. 현재 지수의 10배 이상 상승하는 꿈 같은 일이 벌어지는 것이다. 현재 미국 중시도 벤처기업들이 이끌어 가고 있다고 해도 과언이 아니다. 또한 이런 상태가 되면 전 세계의 투자자들이 한국의 벤처기업에 몰려오게 될 것이다. 그러면 벤처 투자금은 눈덩이처럼 불어나서 우리나라는 명실공히 미국을 누르고 세계 최고의 스타트업 요람으로 자리 잡게 될 것이다.

이때쯤이면 우리나라 1인당 국민 소득이 10만 달러를 넘길 것이다. 세계 최고의 경제 강국이 되는 것이다. 이는 결코 꿈이 아니다. 우리 한민족은 충분히 해낼 수 있다. 우리 한민족은 세계에게 가장 뛰어난 민족이다. 가장 두뇌가 뛰어나고 가장 순발력이 뛰어나며 가장 의지력이 강하다. 또한 도전과 모험을 두려워하지 않는 진취적 민족이기도 하다. 실로 우리 한민족은 벤처기업을 위해 탄생한 민족이라 할 만큼 벤처기업에 최적화된 민족이다. 우리나라는 양궁과 여자 골프가 세계를 지배하듯 과학기술 및 경제에서도 세계를 지배할 수 있다.

그런데 지금 그런 한민족이 그 위대한 능력을 제대로 펼쳐보지도 못한 채 시들어가려 하고 있다. 국가 지도층이 무능하고 부정부패하기 때문이다. 우리나라 국가 지도층의 전면적 교체는 민족적 숙원이자 역사적 과제다. 어쨌거나 우리는 다수 정예로 나가야만 한다. 오직 그 한 길이다.

27장

기업과 노동 혁명

 오늘날 기업은 국민의 생사가 걸려 있는 실로 국가의 근본이요 공기(公器)라 할 수 있다. 조선시대에 '농자천하지대본야(農者天下之大本也)'라 했다면 오늘날은 '기업천하지대본야(企業天下之大本也)'라 할 수 있다. 기업은 그만큼 중요하다. 기업이 살면 국민도 살되 기업이 망하면 국민도 망한다. 기업의 중요성은 아무리 강조해도 지나치지 않다
 그렇다고 기업이 소유주를 의미하는 것은 아니다. 기업은 소유주와 상관없이 독립적으로 존재한다. 물론 소유주가 기업을 창업하는 것은 사실이다. 하지만 기업이 창업된 이후엔 기업은 소유주와는 별개로 존재하다. 기업은 소유주뿐만 아니라 채권자, 노동자, 소비자 더 나아가 국가와 긴밀한 관계를 맺으면서 사회적 공기(公

器)가 되는 것이다.

노동자도 소중하다. 하지만 기업은 더 소중하다. 기업이 없으면 노동자도 있을 수 없기 때문이다. 그래서 기업은 노동자에 우선할 수밖에 없다.

요즘 기업들은 하루가 다르게 발전하는 과학기술의 변화 속에서 생존을 위한 처절한 사투를 벌이고 있다. 매킨지에 따르면, 기업 수명이 1995년에는 22년 정도였으며 2015년에는 더 짧아져 15년 정도에 불과할 것이라고 한다. 또한 《포브스》에 따르면, 글로벌 100대 기업의 평균 수명이 약 30년에 불과하다. '살아남는 자가 강한 자'란 말이 있듯 기업의 생존은 결코 쉽지 않은 일이다.

그런데도 우리나라 재벌 회장님들은 여유만만한 듯 보인다. 그들은 대개 소비자나 직원들과 동떨어진 구중궁궐 깊은 곳에서 거대한 권위를 내세우며 마치 황제처럼 지낸다. 우리나라 재벌 그리고 한국의 미래가 어두울 수밖에 없다.

기업의 최고 책임자는 최고경영자다. 기업의 운명은 최고경영자에 달려 있다고 해도 과언이 아니다. 그렇다면 최고경영자는 어떠해야 할까. 최고경영자가 어떠해야 기업이 오래 살아남고 승승장구할 수 있을까. 나는 세 가지를 제시하고 싶다.

첫째, 최고경영자는 소비자 비판에 귀 기울여야 한다. 기업의 생사를 결정하는 것은 소비자다. 소비자가 기업의 제품을 외면하면 그 기업은 망할 수밖에 없다. 그래서 최고경영자는 항상 소비자의 비판에 귀 기울여 자사 제품의 장단점을 명확히 인지하고 이의 개선을 위해 끊임없이 노력해야 한다. 이는 직원들에게 맡겨서는 안 된다. 최고경영자가 어떤 식으로든 직접적으로 소비자들의 의견을 확인해야 한다. 직원에게 맡기면 소비자의 비판이 왜곡되어 전달될 수 있기 때문이다. 예컨대, 자사 제품은 전혀 문제가 없는데 오히려 소비자가 생트집을 잡고 있다는 식으로 호도할 수 있는 것이다.

둘째, 최고경영자는 말단 직원과 직접 소통할 수 있어야 한다. 기업이 오래되면 수직적 조직 문화가 형성되고 관료주의화한다. 그러면 말단 직원들의 혁신적 생각이나 창의적 아이디어들이 수용되지 못하고 사장되기 쉽다. 이는 말단 직원들의 사기와 의욕을 꺾기도 하지만 기업 발전에 대단히 해롭다. 그래서 최고경영자는 영업사원이든 연구원이든 불문하고 말단 직원들과 개별적으로 직접 소통할 수 있어야 한다. 그래서 그들의 혁신적 생각 또는 창의적 아이디어들을 과감히 수용할 수 있어야 한다. 이는 말단 직원들의 사기와 의욕을 높여 기업을 역동적이게 할 뿐만 아니라 그들의 능력을 정확히 판단하여 인사에 반영할 수 있는 기회가 된다.

기업은 연공서열을 폐지해야 한다. 연공서열이야말로 기업의 역동성을 앗는 최대의 적이다. 기업은 오직 능력 위주의 승진 제도를 시행해야 한다. 이의 가장 좋은 방법이 바로 최고경영자가 개별적으로 직접 직원들과 소통하여 그들의 의견을 듣고 그들의 능력을 정확히 파악하는 것이다.

셋째, 내부고발 제도를 적극 장려해야 한다. 기업 내부에도 부정부패한 직원들이 있을 수 있다. 이를 방치하면 기업은 작은 암세포가 온몸에 퍼지듯 병들고 썩을 수밖에 없다. 따라서 최고경영자는 내부고발을 적극 장려하여 기업을 항상 정화해나갈 수 있어야 한다.

위의 세 가지는 국가 최고 지도자, 즉 대통령에게도 똑같이 적용될 수 있다. 대통령은 구중궁궐 속에만 파묻혀 지내지 말고 직접 민심을 살필 수 있어야 한다. 그 방법에는 여러 가지가 있을 수 있다. 다만, 민생 현장 방문 따위는 전혀 아니다. 이는 단지 겉치레에 불과한 행위일 뿐이며 민심을 파악하는 데는 전혀 도움이 안 된다. 대통령이 마음만 먹으면 청와대 안에서도 얼마든지 대한민국을 아니 전 세계를 손금 보듯 훤히 알 수 있다. 다만, 성의와 열정이 문제일 뿐이다. 그리고 장관이나 비서관들만 상대하여 그들의 정제된 의견만 듣지 말고 일선 실무자들과도 적극적으로 소통하여 그들의 다양하고 창의적인 생각들을 경청해야 하며 내부고발 제도를 적극 장려하여 부정부패를 적극적으로 척결해나가야 한다. 물론 이는 아무나 할 수 있는 일이 아니다.

기업 최고경영자가 위 세 가지를 실천하는 것은 결코 쉽지 않은 일이다. 기업에 애착을 갖고 끊임없이 혁신을 추구할 때만 비로소 가능하다. 이를 위해서는 무엇보다도 먼저 집무실을 많은 사람들이 쉽게 오갈 수 있는 오픈된 공간에 마련해야 한다. 그래서 사람들이 부담 없이 집무실을 방문할 수 있도록 해야 한다. 개방과 소통은 정치뿐 아니라 기업 생존에도 절대적으로 필요한 요소다. 우리나라 재벌회장님들이 참고했으면 좋겠다.

우리나라 대기업들은 협력업체 줄세우기를 관행처럼 한다. 그 필요성은 인정한다. 하지만 그 필요성에 비해 폐해가 너무 심각하다. 협력업체 줄세우기를 하면 협력업체는 하나의 대기업만 거래해야 하기 때문에 매출과 이익이 제한적일 수밖에 없다. 그러면 영세성에서 벗어날 수도 없고 연구개발 투자도 많이 할 수 없다. 이는 대기업의 경쟁력에도 악영향을 미칠 수밖에 없다.

대기업의 협력업체 줄세우기 관행은 구시대적 산물로 사라져야 한다. 협력업체는 국내외의 모든 기업에 자유롭게 제품을 공급할 수 있어야 한다. 그리하여 규모와 경쟁력을 키워서 세계 시장을 지배할 수 있어야 한다. 그래서 우리나라에도 네덜란드의 세계적 반도체 장비 회사인 ASLM과 같은 기업들이 많이 배출되어야 한다. 그래야만 우리나라에 희망이 있다.

요즘 백화점이나 대형마트의 입점 또는 납품 업체들이 과중한 수수료나 부당한 경비 부담 등으로 어려움에 처해 있다. 또한 편의점이나 각종 체인점 점주들도 마찬가지 상황이다. 이들은 우리나라 국민 다수를 구성하는 소시민들이다. 이들의 안정적인 삶은 국가 안정을 위해 반드시 필요하다. 따라서 이들의 생존권은 반드시 보장되어야 한다.

이를 위해서는 정부가 점주들이 본사의 부당한 압력에 적극적으로 대항할 수 있도록 조합 결성을 유도할 필요가 있다. 그래서 점주들이 집단행동을 통해 보다 효과적으로 생존권을 지켜나갈 수 있도록 적극적으로 지원해야 한다.

또 요즘 대기업들이 한식 체인점에 진출하는 것에 우려의 시선이 있는 것으로 알고 있다. 주변 음식점들이 큰 피해를 볼 수 있기 때문이다. 하지만 음식점의 질적 향상을 위해서는 불가피한 측면이 있다고 할 수도 있다. 반대만 할 일은 아닌 것이다. 중요한 것은 체인점주의 생존권이다. 이것만 확실하게 보장된다면 문제될 게 없다. 그리고 생존권 보장을 위해서는 점주들의 조합 결성이 반드시 필요하다. 주변 음식점들의 문제는 스스로 경쟁력을 높여서 해결하는 것이 최선이다.

요즘 우리나라 대기업의 강성 노조를 걱정하는 사람들이 많다. 과도한 고용 보장과 복지를 넘어 이젠 고용 세습까지 주장하는 실정이다. 동일 조건으로 동일 노동을 하는 비정규직 노동자들은 힘겹게 생활하는데 말이다. 가히 귀족 노조 천국이라 할 만하다. 이러고도 기업이 망하지 않는다면 그것은 기적이다.

2009년 4월과 6월에 미국의 3대 자동차 회사인 크라이슬러와 GM이 각각 파산한 바 있다. 회사의 방만한 경영에도 문제가 있었지만 노조의 과도한 고용 보장 및 복지에도 문제가 있었다. GM의 경우 1970년 67일간의 파업 끝에 회사는 노조원에게 30년 근속을 보장했다. 이로써 노조원 해고는 불가능해졌다. 또한 노조원 퇴직

후에도 건강보험료를 회사가 100퍼센트 지원하게 됐다. 이 외에도 상상하기 어려운 다양한 복지 혜택들을 노조원들에게 제공했다. 그 결과 파산에 이르렀다. 지금 우리나라 노조도 미국 자동차 노조의 전철을 그대로 밟아나가고 있다.

우리나라가 본격적인 경제 개발을 시작해서 오늘에 이른 것은 고작 50년밖에 안 된다. 그런데 그 짧은 기간에 어느 덧 노조가 강성하고 완고해져 기업을 파멸시킬 지경에 이른 것이다. 우리는 이대로 주저앉을 수 없다. 이 위기를 지혜롭게 극복하고 새롭게 도약해야만 한다.

카를로스 곤이라는 분이 있다. 무자비한 구조조정의 대가로 별명이 '도살자'나 '장의사' 등으로 불린다. 하지만 이분에게 배울 점도 많다. 그는 미국 미쉐린 공장 최고경영자로 활동할 때 2년 사이에 직원의 3분의 1을 해고했다. 하지만 3년 만에 매출을 5배로 끌어올렸다. 그 후 그는 2001년 일본 닛산의 사장이 됐다. 그는 즉각적으로 도쿄대 출신 임원들 60퍼센트를 해고했다. 그리고 2만 명의 직원을 해고했다. 그와 동시에 연구개발 비용을 크게 늘렸다. 그 후 그는 기적을 이루어냈다. 1년 만에 56억 달러 적자를 29억 달러 흑자로 만든 것이다. 그 과정에서 1조 5000억 엔에 달하는 부채까지 변제했다. 그 후 3년이 지나면서 다시 2만 명을 채용했다.

우리에게도 이러한 것이 필요하다. 특히 우리나라 조선업은 뼈를 깎는 대대적 구조조정이 절실히 필요한 상태다. 그런데도 노조는 완고하기만 하다. 이런 상태로라면 우리나라 조선업은 희망이 없다고 해도 과언이 아니다. 이젠 노조도 변해야 한다. 경영자만이 아니라 노조도 보다 혁신적이고 유연해져야 한다.

기업 구조조정을 보다 쉽게 할 수 있어야 한다. 기업의 정리해고는 보다 자유로워져야 한다. 경기 변화나 기업 사정에 따른 임금 삭감도 보다 자유로워져야 한다. 비정규직만도 못한 정규직의 근무 태도에 대한 회사의 징계권은 대폭 강화되어야 한다. 임금 피크제는 보다 폭넓게 시행되어야 한다. 노조의 파업권은 대폭 축소되어야 한다. 이는 타협의 대상이 될 수 없다. 우리나라 노조는 세계에서 가장 유연해져야 한다. 유연함은 생(生)이요 완고함은 사(死)다. 우리는 '생'으로 가야 한다.

정규직과 비정규직의 구분과 차별도 사라져야 한다. 동일한 조건으로 동일한 노동을 한다면 동일한 대우를 받는 것이 지당한 일이다. 현행 정규직과 비정규직 구분은 인간을 분열시키고 인간의 영혼을 갉아먹는 가히 악마적 제도다. 조속히 폐지되어야 한다. 그리고 모든 노동자는 정규직과 비정규직이 아닌 상시직과 임시직으로 나뉘어 통일되어야 한다.

자본가가 선이 아니듯 노동자도 선이 아니다. 선과 악은 따로 정해져 있는 것이 아니다. 누구든 악행을 하면 악이 되고 선행을 하면 선이 된다. 지금 우리나라의 귀족 노조는 선이라 할 수 없다. 실로 노동계에도 혁명 그 이상의 혁신이 필요하다.

28장

교육 혁명

우리나라 청소년 행복 지수는 OECD 23개 국가 중 23위다. 최하위인 것이다. 이는 지나친 공부 스트레스에서 비롯된 것으로 보인다. 우리나라 청소년들 정말 공부에 열심이다. 공부에 파묻혀 산다고 해도 과언이 아니다. 그런데도 결과는 대단히 실망스럽기만 하다. 진정 불행한 세대다.

이는 기본적으로 사회 인적자원의 수요와 공급의 불일치에서 비롯된다. 우리나라 고교생 대다수는 사회의 다양성을 전혀 충족시키지 못하는 인문계 위주의 획일화된 공부만 한다. 또한 편한 직장이나 단지 대학 졸업장을 얻기 위해 대학에 간다. 그러하니 고교나 대학을 졸업해도 마땅히 오갈 곳이 없는 것이다.

우리나라 학력 인플레 현상은 대단히 심각한 수준이다. 우리나라 2014년 고등학생 졸업자의 대학 진학률은 70.9퍼센트였다. 그런데 취업자에게 대학 전공과 직업의 일치도를 물어보니 4년제 이상 대학교를 졸업한 취업자 중 43.0퍼센트는 일치, 31.7퍼센트는 불일치, 25.4퍼센트는 보통이라 답했다. 사실상 57퍼센트가 대학 전공과 직접적으로 관련 없는 분야에 취업한 셈이다. 또한 우리나라 청년 체감 실업률은 23퍼센트에 이른다.

이것이 전부는 아니다. 예컨대, 은행의 경우 대졸자가 아니어도 얼마든지 은행 업무를 수행할 수 있다. 예전에는 상업고 출신들이 은행에 많이 취업하여 은행 지점장은 물론 은행장까지 되었다. 사실 우리 주변에는 은행처럼 굳이 대학에 진학하지 않아도, 즉 고졸만으로도 충분히 할 수 있는 일들이 많다.

그런데 지금 그런 일들을 거의 모두 대졸자들이 하고 있다. 우리 사회가 무의미한 학력 인플레 상태에 놓여 있는 것이다. 거기에 대졸 취업자의 상당수도 양질의 직장을 얻지 못하는 실정이다. 고학력 인적자원의 공급은 넘치는데 수요는 적기 때문이다.

공무원 시험만 해도 그렇다. 9급 공채 경쟁률이 보통 100 대 1에 달한다. 이들 응시자 대부분이 대졸자들이다. 사실 9급 공채는 기본적으로 고졸자를 대상으로 선발하는 시험이다. 고교만 졸업해도 얼마든지 업무를 수행할 수 있기 때문이다. 대졸자를 대상으로 선발하는 것은 7급 공채다. 9급 공채는 대졸 학력이 전혀 필요치 않은 것이다. 따라서 9급 공채에 응시하는 수십만 명의 대졸 학력은 사실상 무의미한 학력 인플레에 지나지 않는다.

9급 공채 응시자가 대졸자여서 우리 사회가 얻는 이익이 뭘까. 대학에서 얻은 약간의 지식밖에는 없다. 그렇지만 우리가 잃는 것은 너무나 많다. 대학 진학을 위한 극심한 학업 스트레스에, 엄청난 사교육비에, 고액의 대학 등록금 및 대학 생활비에, 그 고통과 희생은 실로 엄청나다. 대학 졸업과 동시에 빚더미에 앉아 신불자가 되는 학생들도 부지기수다. 학력 인플레는 실로 망국적 현상이다.

우리나라 2014년 기준 1인당 공교육비는 OECD 평균보다 11퍼센트 낮고, 민간의 교육비 부담은 22퍼센트 높다. 사교육비 부담이 학부모들의 허리가 휠 정도로 과중한 실정이다. 무의미한 공부를 위해 국민 다수가 육체적으로, 정신적으로 그리고 금전적으로 극심한 고통을 받고 있는 것이다. 그러고도 9급 공채 응시자 100명 중 99명이 탈락한다.

그렇다면 학생들이, 학부모들이, 그리고 이 사회가 부질없는 고통과 희생을 강요하는 이 교육 문제에서 해방될 길은 없는 걸까. 진보 측에선 반값 대학 등록금을 주장한다. 하지만 이는 전형적인 포퓰리즘에 불과하다. 이는 단지 등록금을 반으로 줄이는 것 외의 어떤 문제도 해결할 수 없기 때문이다. 학력 인플레 문제, 불필요한 학업 스트레스와 사교육비 문제, 고학력 실업 문제 등 그 어느 하나도 해결할 수 없다. 거기에 과도한 재정 부담 문제까지 유발한다. 이는 혹을 떼려다 오히려 혹을 하나 더 붙이는 꼴이다. 등록금 지원에 쓰일 자금이 있다면 차라리 그 자금을 과학기술 인재 양성, 연구개발 투자, 중소기업 육성 등에 사용하여 경제를 살리고 일자리를 창출하는 것이 백 배 더 낫다.

해결 방법은 오직 하나다. 불필요한 대학 진학을 강제로라도 제한하는 것이다. 먼저 9급 공채 응시 자격을 고졸로 제한해야 한다. 이는 수많은 고교생들로 하여금 대학 진학을 포기하게 할 것이다.

이를 대졸자에 대한 차별이라고 주장할지도 모르겠다. 하지만 학력 인플레 해소는 국민 다수를 이롭게 한다. 또한 모든 고졸자에게 동등한 응시 자격을 부여하므로 절대적 차별이라 할 수도 없다. 9급 공채에 응시하고자 한다면 대학 진학을 포기하면 되기 때문이다. 이는 합리적 차별이다. 합리적 차별은 사회가 수용해야 한다.

7급 공채도 필요 없다. 내부 승진으로 대체하면 되기 때문이다. 행정고시도 필요 없다. 이도 내부 승진으로 얼마든지 해결할 수 있다. 7급 및 5급 직무 수행 능력은 자체 직무 교육을 통해서 얼마든지 해결할 수 있다. 또한 고위직 공무원은 경세가로 대체할 것이기 때문에 행정고시도 필요 없다. 9급 공채만 있으면 충분한 것이다.

이것으로 모든 문제가 해결되는 것은 아니다. 아직도 100 대 1의 엄청난 경쟁률이 남아 있기 때문이다. 9급 공채 응시 자격을 고졸자로 제한한다 해도 경쟁률은 100 대 1을 훌쩍 넘길 것이다. 누구나 쉽게 응시할 수 있기 때문이다. 하지만 이는 결코 바람직하지 않다. 99퍼센트의 탈락자를 양산하고 사회 인적자원의 효율적 배분을 저해하기 때문이다.

　이 문제의 해결을 위해선 고교 교육의 다양화와 내실화를 통한 고교 교육의 정상화를 이루어야만 한다. 지금 우리나라 고교 교육은 지나치게 인문계 위주로 되어 있다. 하지만 사회는 다양한 지식이나 기능 또는 기술을 원한다. 고교 교육은 이러한 사회의 다양한 요구를 수용할 수 있어야 한다. 그리하여 고교생들이 졸업과 동시에 다양한 사회 분야에 취업할 수 있도록 해야 한다.

　나는 앞에서 다양한 과학고를 중첩적으로 많이 설립해야 한다고 말한 바 있다. 이 외에도 고교 교육을 보다 다양하게 재편할 필요가 있다. 요즘 정보고나 마이스터고 인기가 대단한 것으로 알고 있다. 바람직한 현상이다. 앞으로 정보고나 마이스터고는 지원자 대부분을 수용할 수 있도록 더 많이 생겨야 한다. 또한 세무회계, 기계, 건축, 자동차 수리, 음식 조리, 판매·유통, 컴퓨터, 화학 등 생활 밀착형의 다양한 고교들이 많이 생겨나야 한다. 그래서 이런 고교들이 전체 고교의 50퍼센트 이상 되도록 해야 한다. 그리고 성적 하위자는 인문계 고교 입학을 금지하고 생활 밀착형 고교로 입학하도록 강제해야 한다.

　인문계 고교도 대학 진학을 위한 고교와 비진학 고교로 구분할 필요가 있다. 그래서 대학 진학 고교는 대학 진학을 위한 공부를 하도록 하고 비진학 고교는 법학, 행정학, 부동산학, 사회복지 등을 가르치도록 해야 한다. 그래서 고교 졸업과 동시에 9급 공채에 응시하거나 각종 자격증을 취득하여 사회 각 분야에 취업할 수 있도록 해야 한다. 그러면 현재처럼 9급 공채 경쟁률이 100 대 1이 넘는 불합리한 일들이 사라지고 사회 인적자원의 효율적 배분도 가능해질 것이다.

고교 3년은 인생에서 아주 중요한 시기다. 스스로 인생을 살아나갈 지식이나 기능 또는 기술 등을 익혀야 할 시기이기 때문이다. 그런데 현행 인문계 위주 고교 교육 제도 하에서는 공부에 관심 없는 수많은 고교생들이 3년을 허송세월할 수밖에 없다. 이 얼마나 개인적 비극이자 사회적 비극인가. 고교 교육은 반드시 실사구시를 지향해야만 한다. 결코 교육을 위한 교육이 되어서는 안 된다.

교사 임용시험 문제도 같은 차원에서 해결되어야 한다. 서울 및 경기 지역의 경우 교사 임용시험 경쟁률이 무려 100 대 1이 넘는다. 이 엄청난 경쟁률 때문에 세간에서는 임용고시라 부르기도 한다. 이 또한 99퍼센트의 탈락자를 양산한다. 이들은 고스란히 실업자가 될 수밖에 없다. 이 얼마나 비생산적이고 비효율적인 일인가. 유치원부터 30대에 이르기까지 그토록 열심히 공부에 매진하고 투자했는데도 99퍼센트가 실업자가 되어야 하는 것이다.

이 문제를 해결하기 위해서는 교사 임용시험 자격을 제한할 필요가 있다. 즉 과거처럼 사범대학 졸업자에게만 교사 임용시험 자격을 부여하는 것이다. 그리고 임용시험 경쟁률이 2 대 1 정도가 되도록 사범대학 신입생들을 제한적으로 선발해야 한다.

어떤 이들은 이것도 차별이라고 주장할지 모르겠다. 하지만 이는 국민 다수를 이롭게 한다. 또한 누구나 사범대학에 입학할 수 있으므로 절대적 차별도 아니다. 이는 합리적 차별이다. 합리적 차별은 사회가 수용해야 한다. 아니 사회는 합리적 차별을 보다 폭넓게 수용해야 한다. 합리적 차별은 사회를 역동적이게 하고 국민 다수를 이롭게 하기 때문이다. 절대 평등이야말로 진정 위험한 것이다.

대학은 꼭 전문 교육이 필요한 사람들만 진학하도록 해야 한다. 또한 대학생 수는 사회 인적자원의 수요와 공급이 적절히 균형을 이루도록 관리해야 한다. 그리고 사회도 인재 채용 시 쓸데없이 대졸을 요구해서는 안 된다. 예컨대, 은행이나 증권사의 창구나 일반 세무회계 업무 같은, 고졸자도 충분히 할 수 있는 일에 굳이 대학 졸업장을 요구해서는 안 되는 것이다.

요즘 우리나라에 외과의사가 많이 부족하다고 한다. 고생은 많이 하는 반면 수입은 적은 외과의사를 학생들이 꺼리기 때문이다. 그래서 경미한 사고에도 큰 병원에 가야만 하기 때문에 제때 수술을 받지 못해 사망에 이를 수도 있다고 한다. 이는 국민의 건강과 생명을 위협하는 심각한 문제다. 그런데도 정부는 마땅한 대책을 내놓지 못하고 있다.

이 문제의 해결을 위해서는 의대 신입생 모집 시 외과 지망생을 별도 분리 모집하고 외과생들에게 다양한 특전과 혜택을 제공할 필요가 있다. 또한 졸업 후에도 이들이 안정적 삶을 영위할 수 있도록 다양한 혜택을 제공할 필요가 있다. 국민 다수의 건강한 삶을 위해서라면 하지 못할 일이 뭐란 말인가.

우리나라 교육 제도는 가히 혁명적으로 새 판을 짜야 한다. 과학기술 인재는 다수 정예를 지향하여야 한다. 고교 교육은 실사구시로 나가야 한다. 대학 진학을 강제로라도 제한하여 학력 인플레 문제를 해결하고 사회 인적자원의 효율적 배분을 이룩해야 한다. 그런데 과연 그 누가 이런 혁명적 일들을 할 것인가.

29장

통일 혁명

　1900년 전후 한반도는 매우 어수선하고 불안정한 상황이었다. 조선 양반 및 관리들의 탐학과 부패에 저항하여 동학혁명이 일어났고 조선의 지배권을 놓고 청일전쟁과 러일전쟁이 잇따라 일어났다. 조선 권력층의 무능과 부패가 빚은 참극이었다.

　오늘날 한반도도 매우 어수선하고 불안정한 상황에 있다. 국가 지도층은 무능하고 부패하기 그지없다. 남북 관계는 팽팽한 긴장감이 흐르고 미·중 또는 중·일은 서로 대립하면서 날카로운 신경전을 벌이고 있다. 또한 일본은 집단자위권 법안을 통과시켜 마침내 전쟁을 할 수 있는 국가가 되었다. 어쩌면 한반도 유사시 일본은 미국의 동의 하에 한국에 자위대를 상륙시켜 한국군을 통제하게 될지도 모른다. 제2의 일본 식민지배가 도래할 수도 있는 것이다. 이는 충분히 가능한 일이다. 한반도 유사시 한국은 미국의 절대적 영향권 아래 있을 수밖에 없기 때문이다.

지금 미·중 또는 중·일 관계가 서먹하긴 하지만 이들 국가간의 직접적 전쟁은 없을 것이다. 과거 냉전시대에도 미·소 또는 미·중 간의 직접 전쟁은 없었다. 공멸을 초래하기 때문이다. 또한 남북의 직접 전쟁도 없으리라 확신한다. 사실 북한은 자체적으로 전쟁을 치를 만한 능력이 전혀 없다. 만일 남북만의 전쟁이 발발한다면 우리 한국군은 능히 한 달 이내에 백두산에 태극기를 꽂을 수 있다. 나는 확신한다. 이런 속사정을 훤히 아는 북한 지도부가 전쟁을 일으킬 까닭이 없는 것이다.

하지만 대리전은 가능하다. 즉 미·중이 남북한을 부추기고 지원하여 얼마든지 대리전을 유발할 수 있는 것이다. 이는 가능성 높은 시나리오다. 예컨대, 시리아를 비롯한 중동 지역에선 지금도 미와 중·러 간의 은밀한 대리전이 진행되고 있다.

최근의 DMZ 목함 지뢰 폭발 사건 때 한미 전투기들이 북의 도발을 경계하고자 무력 시위를 벌인 바 있다. 하지만 북한과 중국도 한미방위상호조약과 같은 우호협력조약이 체결돼 있다. 이에 의하면 양국은 어느 한쪽이 공격을 받아 전쟁 상태로 바뀌는 즉시 상대방에게 군사적 원조를 제공하게 돼 있다. 만일 이번에 중국 전투기들이 한미 전투기들에 대항하여 휴전선 상공에서 북한 엄호 비행이라도 했으면 어쩔 뻔 했는가. 하마터면 남북 대리전이 발발할 수도 있었다. 지금 북·중 관계가 일시적으로 소원한 상태지만 이는 주변 상황에 따라 얼마든지 급작스레 개선될 수 있다. 따라서 지금 우리 한반도는 중동처럼 미·중의 사주 아래 얼마든지 대리전이 일어날 수도 있는 상황인 것이다. 이를 잊어서는 안 된다. 한반도에 전쟁이 발발하면 그 날로 우리 한민족의 운명은 끝이다. 일부 기회주의자들은 어떻게든 살아남을 수 있겠지만 말이다.

한반도 평화는 우리 한민족의 운명이 걸려 있는 대단히 중차대한 문제다. 우리는 어떻게든 한반도의 항구적 평화를 반드시 이루어야만 한다. 이를 위해서는 무엇보다도 먼저 우리가 북한 지도부를 용서하고 포용해야 한다. 북한은 6·25 전쟁이나 각종 만행 등 용서받지 못할 행위들을 수없이 저질렀다. 하지만 우리가 통일을 하고 한반도의 항구적 평화를 이루고자 한다면 이를 담대히 용서하고 포용할 수 있어야 한다.

로마는 플루타르크가 '패자마저도 동화시키는 진정으로 위대한 국가'라고 칭송한 나라다. 로마는 한때 본토가 한니발의 기습 침공을 받아 절체절명의 위기에 빠진 적이 있었다. 이 전쟁에서 로마는 오늘날 대통령에 해당하는 집정관들 수십 명과 군인 수십만 명이 전사하는 국가적 대참사를 겪었다. 하지만 로마는 이 모든 난관을 극복하고 스키피오 아프리카누스의 탁월한 전략에 힙입어 결국 카르타고를 누르고 전쟁의 승자가 됐다. 그렇지만 로마는 카르타고에 대해 승자의 권한을 행사하지 않았다. 카르타고에 대해 원한도 갖지 않았고 복수도 하지 않았다. 로마는 로마의 방식대로 카르타고와 한니발에 대해 용서와 관용을 베풀었다.

로마의 카이사르는 갈리아를 정복했다. 정복하는 과정에서 수많은 용서와 관용을 베풀었다. 그런데도 갈리아는 카이사르의 호의를 무시하고 재차 배신했다. 카이사르는 지체 없이 반란을 진압했다. 그 과정에서 로마군의 피해도 컸다. 하지만 카이사르는 로마의 방식대로 갈리아를 용서와 관용으로 대했다. 그 후 갈리아는 로마의 우등생이 되었다. 우리는 로마에서 배워야 한다.

6·25 전쟁을 보자. 그 희생은 컸다. 인정한다. 하지만 그것은 일제 침략처럼 지배와 수탈을 위한 전쟁도 살육을 위한 전쟁도 아니었다. 단지 이념을 위한 전쟁이었다. 이념전을 우리가 용서하지 못할 이유는 없다. 더욱이 지금 이념은 사라지고 없다. 남은 건 민족뿐이다. 서양 격언에 '은혜는 바위에 새기고 원한은 모래에 새겨라'라는 것이 있다. 옳은 말이다. 은혜는 잊지 않을수록 득이 되며 원한은 잊을수록 득이 된다. 우리는 대범히 구원(舊怨)을 잊고 북한 지도부를 용서하고 포용할 수 있어야 한다. 더욱이 현 북한 지도부는 전쟁의 직접적 책임자들도 아니다. 우리가 북한 지도부를 용서하고 포용하지 못할 이유가 없는 것이다.

우리는 북한 지도부에 대해 조건 없는 용서와 관용을 베풀어야 한다. 실로 거대한 포용을 해야 한다. 한반도의 항구적 평화와 우리 한민족의 영원한 번영을 위해서 말이다. 이를 위해서라면 이보다 더한 일도 할 수 있어야 한다. 유연해야 한다. 유연함은 생(生)이되 완고함은 사(死)다.

통일은 대단히 시급한 과제다. 사실 통일은 북한보다 우리 남한에게 더 절실한 과제다. 우리 한민족이 웅비하기 위해선 한반도의 평화와 안정은 물론이고 반드시 통일이 필요하다. 한반도 정세가 불안하고 한반도가 분리돼 있는 한 우리 한민족은 결코 큰 힘을 발휘할 수 없다. 조속한 통일이 절실히 필요한 시점이다.

지금 세계는 치열한 경제 전쟁을 벌이고 있다. 중국은 거대한 시장과 자본력을 바탕으로 세계 강국으로 도약하고 있다. 2014년 9월 중국의 온라인 상거래업체인 알리바바가 미국 나스닥에 상장되었다. 상장 첫 날 알리바바의 시가총액은 무려 2,314억 달러에 달했다. 삼성전자와 현대자동차의 시가총액을 합한 금액보다 많다. 중국이 지금 이렇게 부상하고 있다. 미국마저도 중국을 두려워하는 실정이다. 그런데 지금 우리는 뭘 하고 있는가. 수출입은 몇 달째 뒷걸음질 치고 경제는 고꾸라지고 있는데 집안 싸움질이나 하고 있다.

우리나라는 통일을 통해서 내수시장을 키울 필요가 있다. 현재 남한의 내수시장은 너무 작다. 내수시장이 작다 보니 기업들의 자본과 매출액도 적다. 이래서는 우리 기업들이 중국이나 미국의 거대한 기업들에 맞서 살아남기 어렵다. 이는 마치 도박판에서 자본이 적은 사람이 많은 사람에 비해 절대적으로 불리한 것과 같다. 통일을 이루어야만 한다. 그리하여 우리 기업들의 자본과 매출액을 키워야 한다.

북한 인프라 투자도 매우 중요한 부분이다. 지금 우리나라 건설 경기는 대단히 침체돼 있다. 일시적일지라도 뭔가 돌파구가 필요한 시점이다. 통일은 북한에 엄청난 규모의 인프라 투자를 요한다. 그러면 건설 경기도 활성화되고 서민 경제도 보다 나아질 수 있다.

북한의 싼 노동력도 필요하다. 우리 중소기업들은 고임금으로 인해 대단히 어려운 상태에 있다. 외국인 노동자들의 임금도 우리 중소기업들이 감당할 수 없을 만큼 높아졌다. 북한의 저렴한 노동력이 절실히 필요한 상황이다.

또한 통일이 되면 육로를 통한 중국과의 교통이 가능해진다. 그러면 중국과의 교류가 더욱 활발해질 것이다. 이는 우리 기업들의 만주 진출을 용이하게 한다. 예컨대, 만주 산업 단지 등이 충분히 조성될 수 있는 것이다. 그러면 우리 기업들은 한 번 더 크게 도약할 수 있다.

국방비 절감도 간과할 수 없는 부분이다. 우리나라가 2014년 지출한 국방비는 367억 달러. 북한은 71억 달러 정도를 쓴 것으로 추정된다. 만약 통일이 된다면 국방 예산을 절반 정도 줄일 수 있다. 그러면 매년 200억 달러를 과학기술 분야에 투자할 수 있는 것이다. 이 얼마나 국가 발전에 큰 도움이 되겠는가.

이외에도 통일은 의무병제 개선이나 북한의 지하자원 이용 등

실로 헤아릴 수 없는 많은 이점들이 있다. 통일은 북한보다 우리 남한에 더 시급한 과제다. 사실 북한 지도부는 통일에 관심이 없다. 통일은 사실상 북한 지도부의 퇴출을 의미하기 때문이다.

사람들은 북한 인권 문제를 지적하기도 한다. 일리 있는 지적이다. 하지만 우리가 북한 인권 문제를 지적한다고 해서 이 문제가 해결될 리는 없다. 오히려 북한 지도부를 자극하여 남북 긴장 관계만 더 심화시킬 뿐이다. 진정으로 북한 인권 문제의 해결을 원한다면 통일을 해야 한다. 통일만 되면 북한 인권 문제는 저절로 해결될 것이기 때문이다. 통일이야말로 북한 인권 문제 해결의 첩경이다. 북한 인권 문제의 지적은 아무런 도움도 안 되는 근시안적 태도에 불과하다. 사람들은 손자병법의 우직지계(迂直之計)를 이해할 필요가 있다.

그렇다면 통일은 어떤 식으로 이루어져야 하고 어떻게 해야 가장 빨리 달성될 수 있을까. 결론부터 말하자면 북한 지도부의 자금줄을 강하게 죄어 흡수통일로 가야 한다. 그것이 최선이다.

사람들은 남북한 경제 교류를 통한 점진적 통일을 말한다. 현양 체제의 지속이다. 이는 문제가 많다. 이러한 불안한 동거는 사람들의 예상과는 달리 언제든지 남북 긴장 관계를 유발할 수 있다. 또 언제든 지금처럼 경제 교류가 파탄날 수도 있다. 대리전의 가능성도 상존한다. 마지막으로 북한 지도부는 우리의 기대와 달리 개혁·개방을 추진할 능력도 의지도 없어 보인다.

단언하건대 북한 지도부가 최고의 목표로 삼는 것은 통일이나 개혁·개방이 아니다. 오직 정권의 연명이다. 그래서 그들은 제한적 남북 경제 교류를 통한 정권 연명을 위한 자금 조달에만 관심이 있다. 우리는 북한 지도부의 본심을 정확히 꿰뚫어볼 필요가 있다.

따라서 빠른 통일을 위해서는 북한 지도부의 자금줄을 최대한 조여야 한다. 그런 차원에서 미국의 북한 봉쇄 정책이나 5·24 조치는 '소 뒷걸음질 치다 쥐 잡은 격'이지만 결과적으로 대단히 합목적적인 행위이다. 다만, 지금과 같은 불필요한 긴장 관계는 바람직하지 않다.

북한 지도부의 자금줄을 죄면 북한은 금방 무너질 수 있다. 북한 주민의 궁핍한 생활도 문제지만 자금이 없으면 북한군도 정상적으로 유지될 수 없고 당 간부들에 대한 지원도 끊길 수밖에 없기 때문이다. 지금 북한 지도부가 가장 두려워하는 것도 바로 이것이다. 그래서 그들은 어떻게든 남한과의 경제 물꼬를 터서 부족한 자금을 수혈 받으려 혈안이다.

그래서 우리는 좀 잔인한 것 같지만 북한 지도부에 대한 자금줄을 최대한 조여야 한다. 금강산 관광은 재개되어서는 안 된다. 개성 공단도 더 이상 확대되어서는 안 된다. 아마 북한 지도부도 남북 경협의 전폭적 확대는 원치 않을 것이다. 북한 주민에 대한 통제도 불가능해지거니와 그럴 만한 능력도 없어 보이기 때문이다.

북한 주민에 대한 지원도 간접 지원이 아닌 오직 직접 지원으로만 가야 한다. 간접 지원은 아예 거들떠보지도 말아야 한다. 지금 북한 나진에 큰 홍수가 난 것으로 알고 있다. 이의 지원도 직접 지원으로 가야 한다. 간접 지원은 결코 안 된다. 우리의 목표는 오직 빠른 흡수통일이기 때문이다. 빠른 흡수통일이야말로 북한 주민을 가장 빨리 해방시키는 첩경이다.

그러면서도 남북한의 평화·우호 관계는 최대한 유지해야 한다. 서로 인간적 신뢰를 회복하고 문화, 체육 및 민간 교류를 확대해 나가야 한다. 그리고 조금이라도 북한 지도부를 자극할 수 있는 행위는 최대한 삼가야 한다. 그렇다고 돈으로 평화를 사는 행위를 해서는 결코 안 된다.

또한 우리는 북한 지도부에 대한 퇴로를 확실히 열어 주어야 한다. 통일의 최대 걸림돌은 다름 아닌 바로 북한 지도부이기 때문이다. 우리가 통일을 원하면서 북한 지도부를 자극하고 불안하게 하는 것은 손에 칼을 쥐고 화해하자고 하는 거와 다름없다. 통일을 위해서는 북한 지도부에 대한 확실한 퇴로를 마련해 주지 않으면 안 된다.

이것은 결코 쉬운 일이 아님을 나도 잘 안다. 하지만 해야 한다. 그렇지 않으면 통일은 없기 때문이다. 우리는 실로 거대한 포용력을 발휘해야 한다. 북한 지도부를 포용하지 못하는 한 우리에게 희망은 없다. 북한 지도부도 쉽게 무너지지 않을 테지만 자기 민족도 포용하지 못하는 민족에게 그 무슨 희망이 있을 수 있겠는가. 북한 지도부를 솔직하게 설득해야 한다. 한민족의 미래를 위해 대결단을 하자고. 그러면 우리가 감히 상상치도 못했던 일이 일어날 수 있다.

지금 한반도에는 위기와 기회가 동시에 상존하고 있다. 자칫 잘못하면 강대국들의 대리전에 휘말려 공멸할 수도 있다. 하지만 지혜롭게 대처하면 어쩌면 너무나 쉽게 통일을 달성할 수도 있다. 지금 하늘은 우리 한민족을 시험하고 있다. 우리 한민족이 서로 모든 원한과 악감정을 해소하여 통일을 이루고 세계를 지도할 수 있을지를 시험하고 있는 것이다. 지혜자는 과거가 아닌 미래를 본다. 우리 한민족은 지혜로운 민족이다. 우리는 겸허히 하늘의 뜻을 받들고 시험에 통과해야 한다. 그러면 우리 한민족은 웅비하여 능히 미국과 중국을 누르고 세계 질서를 주도할 수 있을 것이다.

맺음말

그저 웃을 뿐

이제 책을 출간하기 위한 모든 작업이 끝났다. 홀가분하다. 처음엔 책에 대한 생각이 전혀 없었다. 그러다가 대략 4년 전부터 책을 쓸 필요성을 느꼈다. 그때부터 아이디어나 영감 등이 떠오를 때마다 사무실에서도 집에서도 때론 자다가 깨서도 메모를 해왔다. 그 양이 방대했다. 그걸 정리하는 일도 쉽지 않았다. 본격적으로 책을 쓰기에 앞서 4개월 정도 작문 연습에 몰두했다. 본래 난 글을 써본 적이 거의 없었기 때문이다. 그리고 대략 6개월 정도의 기간에 걸쳐 책을 완성했다. 실로 집념과 인고의 산물이다. 집사람은 왜 굳이 그런 힘든 일을 하느냐고 그런다. 그렇게 하지 않아도 충분히 잘 살 수 있는데 말이다. 그럴 때마다 나는 화살은 이미 활시위를 떠났다고 말한다. 시위를 떠난 화살은 과녁에 꽂힐 때까지 그냥 날아갈 뿐이다. 나 또한 내 의지와 상관없이 거의 자동적으로 이 일을 한다. 멈추고 싶어도 멈출 수 없다. 아마도 어떤 잠재의식이 나를 리드해가는 것 같다. 당연할 것이다. 나는 고 1때부터 이 분야에 깊은 관심을 가졌었다. 책 쓰는 작업이 끝났다고 모든 것이 끝난 것은 아니다. 졸업이 또다른 시작을 의미하듯 또다른 도전이 나를 기다리고 있기 때문이다. 갈 길이 멀다. 하지만 나는 두렵지도 걱정하지도 않는다. 준비는 돼 있다.

재미있는 이야기나 하면서 글을 마쳐야겠다. 역사 소설『삼국지』가 있다.『삼국지』를 생각하면 가장 먼저 '관도의 전투'가 떠오르고 원소가 생각난다. '관도의 전투'는 중국 역사상 3대 전투의 하나로 손꼽힌다. 그 전투의 패자(敗者)이자 비운의 주인공이 바로 원소다. 그는 삼대가 삼공(三公)의 벼슬을 한 당대 최고 가문 출신이었다. 인물도 훤칠했다고 전해진다. 평시였다면 그도 족히 삼공 벼슬을 할 수 있었을 것이다. 아니 '관도의 전투' 이전 그는 이미 제후 이상의 큰 세력을 가지고 있었다. 그런 그는 군사와 참모 그리고 군량 등 그 모든 면에서 조조보다 압도적인 우위에 있었다. 그럼에도 실패에 실패를 거듭한 끝에 조조에게 재기 불가능한 처절한 패배를 당하고 끝내 멸족의 화를 당했다. 그를 생각하면 항상 가슴이 아프다. 그렇다면 그는 왜 '관도의 전투'에서 패했을까. 그것은 그가 최선의 전략을 선택하지 못했기 때문이다. 전쟁에서 참모와 장수들은 여러 전략을 제시한다. 그 중 최선의 전략은 오직 하나뿐이다.

지도자는 그 여러 전략 중에서 최선의 전략을 선택할 수 있어야만 한다. 그런데 원소는 그것을 하지 못했다. 그것이 그가 패망한 원인이다. 하지만 조조는 그것을 해냈고 마침내 승리했다. 물론 조조도 항상 완벽하지만은 않았다. 그는 적벽대전에서 오·촉 연합군에게 대패한 바 있다. 최선의 선택이란 어려운 일이다. 아무나 할 수 있는 일이 아니다. 결론적으로 지도자는 위대한 능력을 갖추지 아니하면 안 된다.

중국 춘추전국시대 진나라 진문공은 춘추오패(春秋伍覇)라 불린다. 사가들은 그가 춘추오패가 될 수 있었던 것은 추상같은 단호함에 있었다고 말한다. 진문공은 그와 유랑생활을 함께한 장군 전힐을 명령을 어겼다는 이유로 그 목을 참했다. 진문공은 말했다.

"과인이 백성으로부터 신임을 받는 것은 법령이 있기 때문이다. 명령을 어기는 자는 신하가 아니며, 신하에게 명령을 실천하도록 못한 자는 임금일 수 없다. 임금이 임금의 짓을 못하고 신하가 신하의 도리를 안 한다면 어떻게 나라를 세우리오. 과인을 위해 수고한 대부로 말하면 헤아릴 수 없을 정도로 많다. 그들이 다 임금의 명령을 어기고 제 맘대로 행동한다면 과인은 이후부터 명을 내릴 수 없지 않은가?"

또한 명령을 어긴 죄로 장수 기만과 주지교를 차례로 참했다. 이 세 장수는 다 유명한 장수들이었다. 명령을 어기면 반드시 죽이고 조금도 사정이 없다는 걸 보인 군법 탓으로 진나라 삼군은 언제나 질서 정연했다. 대저 상벌이 분명치 않으면 만사를 이룰 수 없고, 상벌이 분명하면 천하도 가히 다스릴 수 있다고 한다. 진문공은 상벌을 분명히 함으로써 춘추오패가 되었던 것이다. 그런데 오늘날 대한민국의 국가 지도층은 대통령부터 시작해서 참모들, 장관들, 여야 정치인들 할 것 없이 한결같이 무능하고 부정부패하기만 하다. 실로 돌이 뜨고 나뭇잎은 가라앉는 세상이다. 그 누구를 탓하랴.

노자는 말하길, "하늘의 그물은 크고 넓어 성긴 듯하지만 결코 빠뜨리는 게 없다(天網恢恢 疏而不失)"라고 했다. 대단히 의미심장한 말이다. 하늘의 시계는 참으로 오묘하다. 세상만사는 가득 차야만 기울고 극에 다다라야만 비로소 변화가 생긴다. 때가 아니면 아무리 울부짖어도 새벽은 오지 아니하고 때가 이르면 그저 사자후 한마디에도 새벽이 온다. 그저 웃을 뿐이다.